父母是世界上最难的职业,
不要为自己带孩子不够完美而自责。
在陪伴孩子的过程中,
我们终会和孩子一起成长!

——凯蒂·柯比

干杯，我们都是不完美父母
HURRAH FOR GIN

[英] 凯蒂·柯比 著　　北京广雅 周昭蓉 译

北京日报出版社

献给那些不完美
但刚刚好的父母们

> 妈妈,
> 我觉得你很完美!

　　这本书是送给那些偶尔、或者经常、或者总是怀疑自己的爸爸妈妈们的——那些耐心值为零,经常对孩子大喊大叫的你们;那些忘记签家长同意书,还会用冷冻食品做晚餐的你们;那些把图书馆借来的书放到过期,而且如果不向孩子们进贡点零食就别指望能找到书的你们;那些经常感到百无聊赖,喜欢盯着手机看的你们;还有那些有时候真想来一次离家出走,却又发现其实离开了家去哪儿都不开心的你们。

　　其实你们完全没有必要担心,因为对孩子们来说,你们就是整个世界,而且他们真的超级爱你们。

前言

你不完美，
但并不妨碍孩子成长

亲爱的读者，大家好，我叫凯蒂，是这本书的作者。我其实不太喜欢写前言部分的文字，因为我觉得大家在读前言的时候，总是会一脸尴尬的表情。但还是请大家稍稍忍耐一下吧，也希望我的文字会越来越好，不会让大家太难受。

这是我的家庭成员……

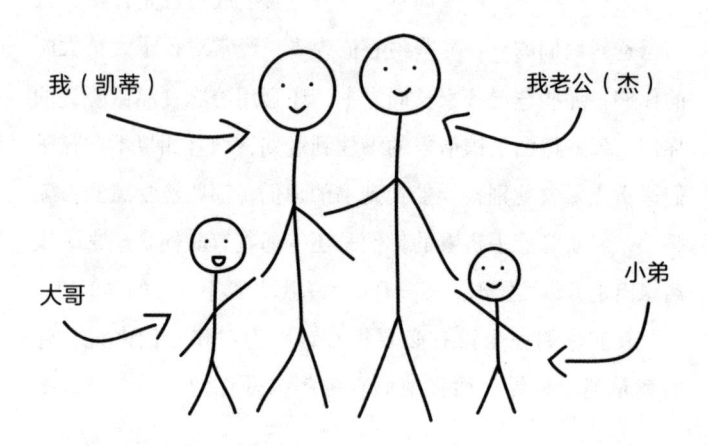

我（凯蒂）　　　　　　　我老公（杰）

大哥　　　　　　　　　　小弟

不好意思，刚才那张图其实是我用来当电脑屏保的，好让大家以为我们作为父母干得还不错。下面这张才是我们现实中的样子：

当然，我们也并不总是这样乱七八糟，我们大多数时间很幸福，只是有时候会惹恼彼此，这就是现实。

现在老大（后文称为大哥）已经 6 岁，老二（后文称为小弟）也已经 3 岁了，但这本书的大部分内容都发生在他们一个还在蹒跚学步，一个还是小婴儿的时候，这本书记录了我们如何成为了真正的一家人。

我写这本书，不是为了告诉你们应该怎么做（其实我也不知道）。我只想把我们的故事分享给你们，让你们在看这些故事的时候会觉得——啊，原来我不是这个世界上唯一一个把事情搞砸的人。

我爱我的孩子们，真的很爱他们。但是当小弟因为调皮把一整盒麦片都倒在地上，或者当大哥完全不顾我第137次叫他穿上他那该死的鞋子，仍然穿着袜子在地上悠闲地走来走去的时候，我真的要疯掉了。

但即使这样，我还是一样爱他们，只不过需要再喝一点儿酒。

噢，对了，这儿还有一点小小的提醒。

这是一本有点刻薄的书！

我们都知道孩子们是上天赐予我们的宝贵礼物，只是他们有点像那种需要全家筹钱才能买得起的昂贵礼物，就好比一条你每天都得在大家面前戴出来的，金光闪闪的、浮夸的手链，即便你有些怀疑自己到底是不是真的很喜欢它（顺便说一下，这里就是我刚才说的"有点刻薄"）。

当你打开礼物的包装纸，把它放在腿上，四周都是期待的眼神，于是你只好说……

……尽管你知道，它根本就跟那件你最爱穿去参加朋友聚会的衣服完全不搭，但你还是把它戴在手上，永远不能脱下来（以免有人以为你不领情），而且还没有退换货发票。

某天，你和朋友出去吃午饭，几杯酒下肚，你开始说："你知道吗，有时候我看着这条手链，我就在想，额……"你的朋友看起来一点儿都不吃惊，并且微笑着撸起她的袖子。原来，她也戴着一条差不多的手链。然后，你们的话题就变成了整天没完没了地戴着这条手链是多么让人受不了，它实在是压得你喘不过气来，有时候还会引起别人的侧目，他们会看着它，然后一边摇头一边叹气（顺便说一下，你爱怎么嫌弃自己的手链都没人管你，但是你绝对不能去嫌弃别人的手链）。

这时你环顾四周，发现还有很多人正在努力让自己的衣服和手链看起来更配一些。有的人比你还要糟糕，他们看起来可笑极了，但是还在开怀大笑。所以你也跟着笑起来，开始觉得自己没那么糟了。

至于那条手链，尽管它很多动、吵闹，还闪得人头昏，但它可能真的要变得和你很相配了。当阳光照在它身上，从一个合适的角度看着它，你会觉得它是你见过的最美的东西。某次在公园的时候，它差点儿从你的手腕上滑落下来，你吓得要命，生怕自己会把它弄丢。因为它对你来说是特别的存在，是带着爱的翅膀飞到你身边的。此刻你终于意识到，如果没有了它，你的手臂会多么苍白，多么空虚……

> 宝贝，感谢你来到我的生命中。

附言

为了确保你真的听明白了——首先，以上这段我是在把生个小宝宝比作你在生日的时候收到的一个超级无比丑的手链，这叫作比喻，不用谢；其次，这本书里有些脏话，我要先道个歉，但是我们都知道骂脏话很重要，很反映水平，而且很搞笑；再次，在某宝上买卖孩子不仅是不道德的，而且是违法的。

目 录

1 CHAPTER 不完美的父母诞生了

怀孕：我们创造了一个生命 ... 2

意外：有时候，你不得不说再见 ... 15

卸货：宝贝，欢迎你 ... 23

2 CHAPTER 新手父母的艰苦日常

初为人母：累并快乐着 ... 37

一起养孩子：交些新朋友吧 ... 47

奇招百出：怎样让孩子睡整觉 ... 58

世界上最复杂的喂养难题：从什么都吃，到什么都挑 ... 67

意义非凡（无聊）的里程碑：有必要那么在意吗？ ... 79

共同育儿：为爸爸们点赞 ... 88

爸爸的辛苦与挑战：尽可能地参与孩子的成长 ... 91

3 CHAPTER 渐渐看到曙光

改变：从可爱的一岁到可怕的两岁 ... 101

好玩的游戏：让一天充实起来 ... 111

再见了，亲爱的午觉：世界多么美好，
让人争分夺秒 ... 130

伤不起的父母：孩子和工作，
真的可以两全其美吗？ ... 135

绕不开的话题：如厕训练 ... 146

4 CHAPTER 家有二宝
究竟是辛苦加倍还是幸福加倍

再来一个：手足之情，谁稀罕呢？ ... 155

没完没了的夜聊：睡觉太没意思了 ... 169

缺觉的七个阶段：怎样熬过新的一天 ... 189

水痘日志：一切都会好起来 ... 195

生孩子之后：我还是我 ... 207

5 CHAPTER 家人就是最好的朋友

度假：我们要去度日如年喽 ... 219

夜生活：假装忘记自己是个妈妈 ... 233

我最不喜欢带孩子做的事情：
小天使变成了熊孩子 ... 243

现在和过去：为人父母有什么不一样 ... 254

6 CHAPTER 和孩子一起长大的爸爸妈妈

和孩子一起成长：那些孩子教会我的事 ... 270

唬人女王：奖励和威胁，算了吧 ... 279

养娃不是一场比赛：别再内疚了，
没人做得比你好 ... 293

开始上学了：你以为可以松口气，
可还是在担心 ... 303

7 CHAPTER 我们是一家人，永远相亲相爱

给老公的话：你还记得没孩子之前的
二人世界吗？ ... 316

育儿的终极目标：放手吧 ... 326

给孩子们的话：我希望你们知道的事情 ... 332

后记

感谢 ... 343

关于作者 ... 346

01
CHAPTER

不完美的父母诞生了

关于怀孕的抱怨清单,真是长到念都念不完,对吧?但是所有这一切,让我再来10遍我都愿意,因为到最后,你会发现怀孕真的是一件值得骄傲的事。

我们创造了一个生命,再也没有什么比这更神奇的了。

怀孕：我们创造了一个生命

（是不是很棒啊？）　　　　　　（哦，还行吧。）

路人甲　　　　　　　　　　　路人乙

　　这个世界上有两种孕妇，我已经在上图形象地解释了二者之间的差别。路人甲展示了那些让人咬牙切齿的看上去很健康的孕妇，而路人乙则展示了那些看上去好像随时要昏死过去的孕妇。

我？我当然就是那个路人乙啦（耶）！

即使到了现在，每当有人对我说"我没有晨吐耶"，我还是会想要一边捏着她们的脸说"你真是太幸福了"，一边在手上暗暗地使劲儿！

孕吐对我来说比痛还糟糕，而且我很快就意识到：原来所谓的晨吐，根本就不只是早晨吐，而是不间断地吐一整天，一直吐到天昏地暗。

我还不幸地属于那类说是晨吐，又不是真的在吐的孕妇——总是想呕，但却没有东西真的吐出来。这种情况真的很尴尬，因为一方面如果你并不是真的要吐，那就没必要时不时地跑厕所；但另一方面，当着大家的面干呕也不是什么美好的画面。所以在我的孕早期，你们经常可以在某个家具或者某个地理位置很好的植物后面找到正在干呕的我。

对付这种干呕唯一的良药，就是吃、吃，再接着吃。我绝不能让自己接近饥饿的状态，要不然反胃的感觉就要开始作威作福了。我的口袋里总是塞满了糖果和饼干，并且趁着没人看见的时候塞一块到嘴里。

我想问一下，到底怎样才能藏住怀孕这个秘密，有人能告诉我吗？还有，该怎么应付可怕的社交应酬呢？因为你突然要开始戒酒了。当然，如果你平时就是个坚持健康生活方式的人，那这点对你来说完全没问题。但如果你本来就是那种会时不时地跟朋友喝上几杯，然后叫嚷着一起去唱卡拉OK的人，完全把做个成熟的大人这件事情抛在脑后，那可怎么办呢？

我也不是说我就是这种人，但我也可能就是这样的人。

万一你真的是那种会喝到失态的人（不过要我说这种人是"很会找乐子"的），那么隐瞒这个秘密的难度就有点儿大了，不过也不是说就完全不可能。我在满30岁生日的时候正处在孕早期，但是我在没有被发现的情况下，成功地欢庆了我的30岁生日派对。这只需要一个知情的闺蜜，你们可以调换杯子；或者点一杯蔓越莓果汁，假装里面有伏特加；或者趁着上厕所的时候把酒直接倒掉。我知道这是暴殄天物，但实在是情非得已……

不过话说回来，即使你已经公布了孕期，情况也没好到哪里去……

现在回想起来，我在孕期的前 3 个月简直糟透了（当然，不包括对一个新生命的期盼）。据《怀孕圣经》预测，我应该会增重个两三斤的样子，但由于我坚持每次都一口气吃掉一整袋饼干，我到这个时候基本上就是一筒长着手脚的移动卷纸了。

水桶腰

这时,你通常会无比想要向人们展示你那微凸的小肚腩,却只换来别人奇怪的眼神,猜想你是不是有点自暴自弃了。然后你就会时不时地发现,有人竟敢在你走过的时候从电脑屏幕后面抬起头来看你,这时你就对着他大喊:"我只是怀孕了啦,你这个讨厌鬼!"

慢慢地,你发现再也不能用松紧带捆住扣不上的牛仔裤了,这时你会进入不得不去买孕妇装的兴奋阶段。当然,兴奋的定义其实是指花上一大笔钱去买些衣服,让你穿了看上去稍微好看那么一丁点儿。

好消息是，孕吐终于有望开始靠边站了，接下来轮到孕困了。总之，我印象中这个阶段还蛮好过的！肚子里有时候冒个泡，有时候被踢几脚，有时候突然鼓出一个包来。我的脸上经常不由自主地挂着抹也抹不掉的笑容。

那道光辉，就是传说中的容光焕发。我能在镜子中看见吗？我是不是终于可以不用再给脸上涂上厚厚的一层遮挡憔悴脸色的粉了？是的！

可惜好光景只持续了3天，然后我就开始进化成了一个海洋生物。

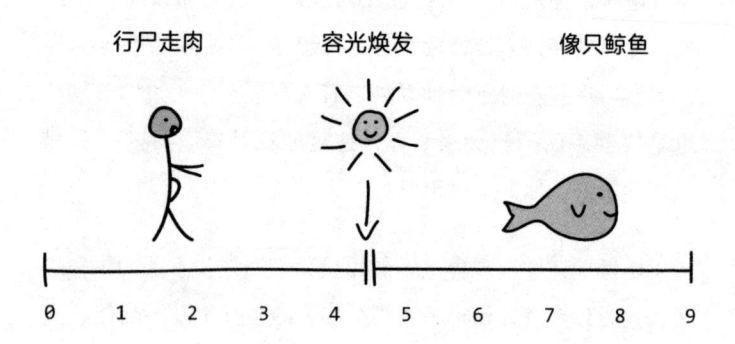

进入鲸鱼阶段之后，小宝宝开始猛长。以前肚子里那股微微的波动感开始变成一个明显的在你肚皮上划过的手印。你到底是应该感叹它的神奇呢，还是应该被惊吓到呢？反正真的很让人困惑。

你基本上一直都在尿尿，一整天的计划基本上就是围绕着上小号来的。

你还要和人们进行一遍又一遍重复的对话。

你们知道怀的是男孩还是女孩吗？不知道。
你们想好名字了吗？没有。
你们准备好了吗？完全没有。

我当然不是在责怪这些问问题的人，他们只是真的好奇，对吧？实际上，我当初也会问我那一个接一个怀孕的好友们同样的问题，就为了显示我有多么在乎她们怀孕了这件事。

还有人会说："趁现在好好休息一下吧，因为等孩子出生了，你就再也别想休息啦！"然后还大笑。

人们还喜欢当着你的面问："还没卸货啊？"尽管你看上去明显就是个大腹便便的孕妇。

不过人们最爱讲的是:"哇,你的肚子看上去好大(小)啊!"全然不顾一个怀孕晚期的人听到这个有多害怕。

你应该使劲儿捏一捏所有这些人的脸。

而对于那些自顾自地一上来就摸肚子的人,你应该直接踢他(她)一脚。

到了孕期最后一段日子,你会突然发现自己走起路来就像个蹒跚的老人一样。你连鞋都穿不上了,干什么都感到没精打采。你连自己的私密部位都看不见了,但还要尝试着给它修枝剪叶,谁知道剪成了什么鬼样子,反正你也不在意。

最后几周的时间,你懒洋洋地躺在沙发上看碟片,悲伤地瞧着自己那双水肿的香肠腿,大口地豪饮瓶子里的盖胃平(注:抗酸药,用于缓解胃酸过多引起的胃灼热感),假装它就是杜松子酒。(噢,杜松子酒,不会太遥远了!)

你还会干一件你曾经发誓不会做的事情,那就是作。比如你会突然因为起居室的墙面被粉刷了一次,而莫名其妙地想掐死你老公。

放松点,作为一个孕晚期的孕妇,不可理喻绝对是你的一项基本人权。

> 我讨厌我们的地毯,
> 还有你打喷嚏时发出的怪声音!

你还会感到一阵莫名的慌张,有点儿像圣诞节的时候,超市会一整天都不开张。其实你生孩子的时候,商店根本不会关门,但你就是觉得自己必须把育儿购物清单上的每一样东西都买齐,要不然凌晨3点37分的时候,你突然需要一个洗澡水测温计那可怎么办?我说得没错吧?

别人可能会告诉你,其实你不需要那么多东西,但是你才不会相信他们。只有过了一年之后,你看着家里堆满了自己买来的各种没用的东西,才会意识到自己当初是多么丧失理性。

临产的前几天，基本上就是用来勉强回复那些好意的短信了。记住，要想不得罪人，一定要在最后加一个挤眉弄眼的微笑。

还有一点要注意，那就是你越是想要自然分娩，你的宝宝就会越慢生出来。

你每喝一杯覆盆子叶茶（注：据说可以软化宫颈），你的宝宝就会多推迟两天出来。千真万确！

你下一次怀孕的时候，如果你够幸运（以及够勇敢）还有下一次的话，你大概就会发现根本没有人在乎你是不是个孕妇。你已经引起足够多的关心，现在每个人都感到厌倦了，再也不会有人主动帮你拎东西了。而且如果你同时还有一个小娃在身边，那你就别想休息，连休产假也是煎熬。

第一次怀孕　　　　　　　　第二次怀孕

让我来拎这个重重的包吧！

我想肚子里的宝宝应该没什么事吧！

关于怀孕的抱怨清单，真是长到念都念不完，对吧？你感到难受，不能喝酒，睡不着觉；你不能穿正常的衣服，总是担心，总是要上厕所……

但是所有这一切，让我再来 10 遍我都愿意，因为到最后，你会发现怀孕真的是一件值得骄傲的事。

我们创造了一个生命。

再也没有什么比这更神奇的了。

意外：有时候，你不得不说再见

如果你非常想要一个孩子，但是又离这一步很远，你会很容易看着一个孕妇或者一个三口之家感叹："哇，他们真的什么都有了。"然后就觉得怎么好像周围每一个人都拥有你得不到的东西。

但其实你根本不知道他们背后的故事。你不知道他们经历了多少年的人工受孕，试管婴儿失败了一次又一次，不停地流产或者小产。如果你是个幸运儿，那你不会经历这其中的任何一件事情；但是有些夫妻真的会很不幸地经历这里面的每一个不幸。

不过一般我们都不知道，因为没人会说出来。或者即使有人想说，我们也会尽快转移话题，因为包括我在内的大多数人都对讨论悲伤的事情感到很不自在。

你有没有经历过和一个朋友聊天，然后她告诉你自己流产了，接着又赶紧简单几句带过去了，还安慰自己说"这是常有的事"？但你还是能看见眼泪开始在她的眼眶里打转，然后她也不敢再看你，因为不管她到底怀了多久，或者那个小胎儿长到了多大，他都是一个被热烈期待的生命，他充满着希望，然后突然就没了，还被当成像一次感冒一样正常。坚强些，别想了，人总有运气不好的时候，就像人总会感冒一样。只是，几包感冒药可治不好流产。

很多年以后，当这对夫妻幸运地有了自己的一个或者几个孩子，他们仍然觉得自己好像不应该再提起这件事情，因为毕竟他们已经美梦成真了。但是，你还是可以记得你失去过什么，对吗？

我不知道该怎么形容那种拼命努力想要怀孕却总是失败的难过和心痛，就好像那是一座我们过不去的桥一样，尽管我也尝试了用很多方式来安慰自己，让这一切不会变得更糟。

我第一次怀上宝宝的时候完全是个意外，一个让人害怕的"我们真的能行吗"的意外，但是最后变成了期待。

经历了几个月可怕的全天性呕吐之后，我们终于迎来了第一次 B 超。我真希望我能说自己很期待这一天的到来，但我是个无可救药的悲观主义者，所以很担心会流产。当我看到屏幕上小胎儿的心跳一闪一闪地跳动着，我真的无法形容自己当时有多么宽慰。"很好很响亮。"B 超师这样说，然后我才放松地倒在了床上。

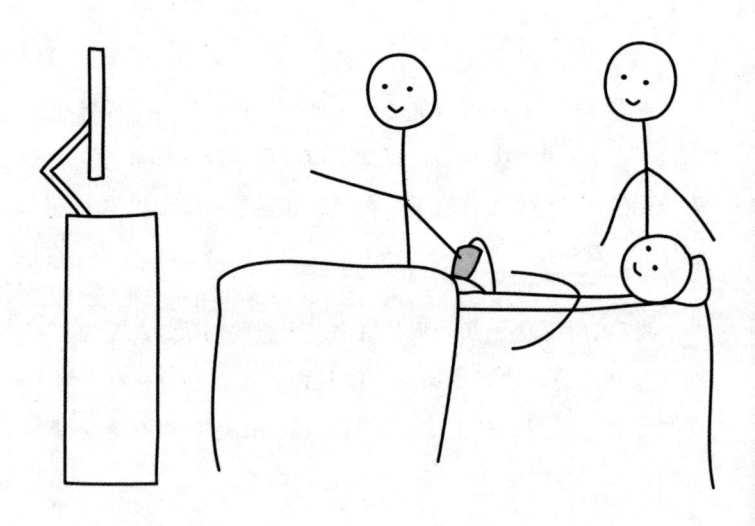

我们有心跳了！我看见脸，看见手，看见脚了。每一样都很完美——我们是幸运的。

但是 B 超师没有接着给我们指这个小胎儿其他小小的部位，而是陷入了安静。我不喜欢这样的安静，但是我脑子里一直有一个声音告诉我："没问题，我们有心跳了。只要有心跳就行了，不是吗？"

遗憾的是，答案并不是这样。

接着，事情开始变得不明确了，又进来了一个医生，他更加沉默，没有任何答案，我们还需要做更多的测试和检查。"你们的宝宝看起来不太乐观。"他们这样说。

然后我们离开了 B 超室,看着坐满等候室的夫妻们,就和 20 分钟前的我们一模一样,紧张而充满期待。我手里捏着我们那个看上去很完美的缺陷宝宝的照片。

医生打来的电话从来没有好消息,我在脑海里编辑的短信一直都没有发送出去。我不能像一开始计划好的那样,去婴儿店里买小小的睡衣,买宝宝名字大全和小袜子。取而代之的是无尽的等待、流不完的眼泪和很多很多的检查。那几个星期真是度日如年,就像被困在一个未知的空间里一样,最终我们还是被告知我们的宝宝成活率非常低,能有心跳已经是个奇迹了。

我不知道我的心是如何保持跳动而没有停止的。

我们做出了选择(如果可以说是选择的话),选择说再见。这世界上有人遇到和我们一样的遭遇,却比我们勇敢,选择了那一丝微弱的希望,但我没有那么坚强。我不为自己的选择后悔,但内心深处总会内疚和自我怀疑。每当我看见报纸上报道那个打败了百万分之一成活率的新生儿,我感觉胸口上就像被插了一把刀。即便到如今已经这么多年过去了,还是一样。

在物竞天择的定律下，总会有小宝宝没被老天选上，这时他们的爸爸妈妈就必须面对这种不能成活或者残疾的可能，做出痛苦的抉择。我对那些选择继续下去的爸爸妈妈们致以最崇高的敬意；但是对那些选择就此停下来的爸爸妈妈们，我也是一样地尊重。而且我会永远支持女人有做出选择的权利，无论在任何情况下，没有人活得很容易。

每个人面对痛苦的方式都不同，而我的方式把我自己都吓到了。我害怕这就是我们的命，为了能继续活下去，我唯一的希望就是再次怀孕，几个月后，我真的又怀上了。

在我后来的两次孕期中，我总是非常害怕做B超，每次都是煎熬，每次去都担心得要死。我再也不会先去看屏幕，直到所有的检查都做完。

但我们还是挺过来了，而且被赐予了两个可爱的儿子。我终于有了梦想中的家庭，在别人看来，我们大概是人生赢家。但其实总有一颗不亮的星星挂在我们的生命里（别人看不见的）。我们叫她艾薇，我们是多么希望她现在和我们在一起。

我终于有了梦想中的家庭

卸货：宝贝，欢迎你

怀孕的另外一个不幸的副作用就是分娩。你可能会觉得，都到了 21 世纪了，应该已经研究出来一种能让生孩子稍微轻松一点的药物；但是很不幸，没有。这个小人儿还是得从你的阴道里出来，而且还有可能在出来的过程中把它撕得粉碎。

当然，你也可以选择剖宫产，有的人管这个叫"作弊"。不过对我来说，把你的肚子剖开听起来和在考数学的时候从别人身后偷看可没有一丁点儿相似的地方。不管怎样，孩子都是要出来的，而且画面都不会很好看。

为了让你在这个过程中能自己控制点局面，很多助产士都会鼓励你写一个分娩计划。有些人喜欢花很多心思在这个计划上面，有些人却宁愿把头塞进蛋糕里，然后假装这一切不会真的发生。有些人会把即将到来的分娩放在第一位，但是有些人就是会先想着她的巧克力松饼。这没什么对错之分。

被催促了几次之后，我还是不情愿地在我的电话本后面写下了两句简短的计划：

1. 母子平安
2. 药

我真的不在乎。我只希望能听见他的第一声啼哭，知道一切顺利，其他的就到时候再说吧。

反正我当时并不害怕生孩子，反而有点期待这一天的到来。我一直认为自己对疼痛的忍耐阈值很高，所以我还有点好奇亲身体验是一种怎样的感受。

很多人都会说，自己生的时候挺轻松的，但是当我回想起来，我才意识到她们中间有的人可能没有说真话。

感觉怎么样？

很神奇，让人充满力量……而且还有点感觉好像要死掉了。

所以在这一章里，我会写一些我第一次生娃时的情形，但愿你们会喜欢。

以下就是我们怎么迎来大哥的……

早上 7 点：醒来后，我发现羊水破了，还开始有宫缩。

上午 9 点：去见我的助产士，她连检查都没做就说我是尿裤子了。我说才没有尿裤子，因为我知道尿裤子是什么样子，闻起来是什么味道，但我真的不是。"是尿尿！"她说。不是的。她还说我胎位还高，我感到的宫缩只是希克斯氏收缩，所以我离分娩还早得很（当时离我的正式预产期只有 4 天了）。

上午 9 点半：回家，然后叫我老公杰去上班，因为助产士说我只是有点尿失禁，所以没什么好担心的。杰认为助产士是个白痴，所以还是待在家里。

上午 10 点开始：我一整天都在吃麦芽面包，一边记录宫缩时间，一边看电视。这天我一直都在宫缩，而且感觉越来越强烈，持续时间也越来越长。

晚上 7 点：我打电话给医院，正打着电话又来了一次宫缩。他们告诉我说，听起来还不到时候，然后叫我还不用去医院，除非我觉得自己好像要死掉了（大概就是这个意思，他们可能没有真的用"死掉了"这个词）。

晚上 8 点：我给自己开了剂热水澡和止痛药。

晚上 10 点：再次给医院打电话，告诉他们我要死了。他们说我可以过去一趟，但是他们可能还是会让我回家。我们决定还是试试吧。

晚上 10 点半： 医院说我可以留下来，但还不到可以进产房的时候，而且也还没到可以给我用药的时候。

晚上 10 点 45 分至凌晨 3 点： 真是痛苦的煎熬，感觉就像是有人在我的屁股里戳了一个烧红的拨火棍，一直穿过我所有的内脏，就像是一种中世纪时虐待人的酷刑一样。不管杰做什么或者说什么，我都想掐死他。

凌晨 3 点 15 分： 有人过来给我做检查了。我的宫口已经开了 7 厘米，终于可以进产房，也可以用药了。他们问我要不要泡个澡。泡澡？我才不要！我要无痛分娩，现在就要。拜托了！

凌晨4点：打了无痛针，这种麻木的解放真是世界上最好的感觉，没有之一。

凌晨5点：我们看着太阳从布林顿码头升起来，活着真好。

上午7点之后：我像被打入十八层地狱一样，生娃真的要好久啊！已经24小时了，我们却还在倒数和等待。

中午12点：该用力了！我还是觉得疼，而且已经有差不多30个小时没睡觉了，所以我在宫缩之间完全昏睡了过去。

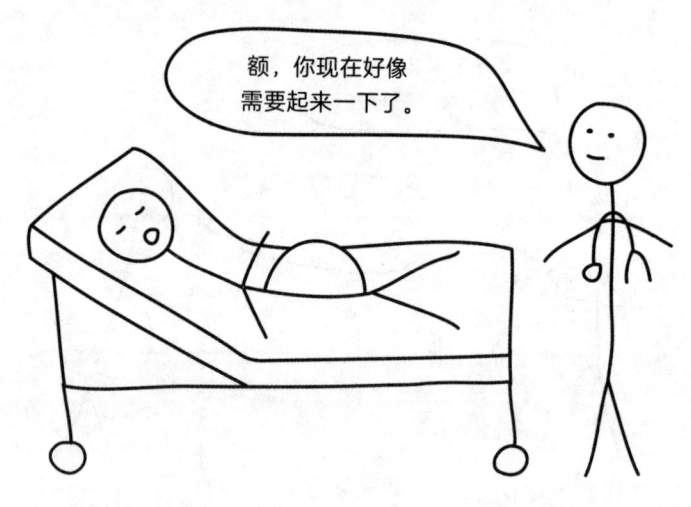

> 额，你现在好像需要起来一下了。

中午12点35分：宝宝也累了，心跳开始变慢，所以他需要赶紧出来了。我被推上了急诊手术台。来了很多人，他们需要给我侧切外阴，然后用吸引器把宝宝吸出来。我们就这样快要见到我们的孩子了。我都不知道自己是否做好了准备！如果我不喜欢他怎么办？如果他长得很丑怎么办？

中午12点45分：医生就那么使劲儿一扯，宝宝就生出来了。我们的孩子就在这儿，他真的好美。他有一只眼睛不太能张开，我还担心是不是有什么问题。助产士说眼睛只是受了点挤压（但直到现在，如果你仔细看，还会发现他有一只眼睛比另外一只眼睛稍稍闭起来一点）。

我们立刻就爱上了他，一只眼睛睁不开也好，怎样都好。

我无法用言语来确切地形容当时那种划过全身的如释重负的感觉。大概我一直都没有让自己相信我要当妈妈的这个事实，像这样把我的宝贝安安稳稳地抱在怀里，真是一件我连想都不敢想的事情。

我真希望能把这种感觉用瓶子封存起来——神奇、心满意足、害怕、难以置信统统搅在一起。这也是为什么我总是不愿和我的家人说我们"结束了",因为其实很不想失去这种感觉——尽管很痛苦(但理性告诉自己真的结束了)。

我真希望在医院的时光就以这美好的画面而画上句号,我真是等不及回到家,开始我们的新生活。但不幸的是,我们不得不在医院再待上几天。

母乳喂养似乎不可能实现了,而且无痛针拿掉之后,造成我还不能去小便(不幸的是,无痛针也有它的副作用)。

我当时看起来肯定糟糕透了。我哭,因为哪里都痛;我哭,因为喂奶很痛苦,而且总也喂不饱;我哭,因为我讨厌提着尿袋子走来走去;我哭,因为我已经有好几天都没有合眼了。

护士们看着我可怜，给我安排了一个单人间，还给了我一些液体吗啡（居然是用个小小的酒杯装着的），好让我得以休息片刻。不一会儿，我就变成了一只躺在云朵上的爱心熊，沉沉地陷进我的被子里，美美地睡了一生中最美好的一觉。

最后，我还是回到了人间；最后，我终于可以自己尿尿了；最后，我们终于可以出院了。但是，在告诉你我们把孩子带回家的故事之前，我还想告诉你生小弟的时候有什么不一样的地方。

这次，我决定准备得更充分一些。我买了些如何管理疼痛的书，还练习了我的呼吸，这个还真的有所帮助，生小弟的时候超级快。

早上 7 点： 我在宫缩中醒了过来，终于说服了杰还早得很，所以他去上班了。宝宝现在还不能出来，因为我还要去美发店做头发，这是最重要的。

上午 11 点： 头发做好了。我和造型师聊了一会儿，然后开始感觉越来越不舒服。

下午2点：在回家的路上，我顺便进超市买了点麦芽面包，因为上次这个时候我正在吃这个，所以——为了好运？！站在麦片柜台前的时候，羊水破了。我和任何一个正常人一样，赶紧尽最大努力撤了出去，生怕被人发现。

下午2点半：羊水里有胎粪了，所以我们得立刻去医院。我安排我妈去幼儿园接大哥，然后就等杰从公司回来开车送我去医院。

下午3点：杰在停车的时候，我试着给自己和自己的大肚子拍了张自拍照，因为我一直都还没来得及拍过。怎么这次时间过得这么快？

下午3点15分：宫缩已经很频繁了，所以我们直接进了产房。助产士问我能不能让一个实习医生进来观察。我说好，因为到了这个时候，我才不在乎房间里都有谁。

下午3点半：我感到有些胀气，然后按照疼痛管理书上说的，开始捶击窗沿来转移注意力。

下午4点20分：我想拉㞎㞎！不过好像只是胎位下来了。感觉好奇怪，好沉重，完全就不应该是这么回事嘛！

下午4点半：我要打无痛针！助产士问我能不能再忍耐20分钟，因为孩子马上就要出来了。我惊呆了——我以为起码还要好几个小时呢！如果只要20分钟，那当然好。

下午4点43分：小弟神速而顺利地生出来了。虽然还是很痛，但我真的能忍住。看见我们第二个孩子和他哥哥长得一模一样，我们真是又惊又喜。

和第一次不一样，我不再是躺在床上看杂志看到睡着。我是一个积极的参与者，我用力压，我调整呼吸，我靠自己把孩子生了出来，这种感觉真的很神奇（尽管两种分娩方式各有利弊，但我还是得提醒你，即便你选择有痛分娩，也没有人给你颁发任何奖牌或者什么特殊的奖章）。

过了一会儿，我从自己高抬的双腿中间，发现在落地灯旁边还有一道微微闪亮的光芒，我终于注意到了那个正在观察的实习医生。嗯，他看上去还蛮镇静的……我只能对他看到的风景感到很抱歉。

这次，我很喜欢待在医院里，尽管整夜都不能合眼，因为旁边有一个女人在不停地打呼噜。她的孩子哭起来了她都听不见，护士不得不把她叫起来。我真不明白她怎么可以睡得这么香，而我却完全睡不着，一部分原因是有个人在打呼噜，但主要还是因为满满的爱。我又回到了那个美妙时刻，曾经以为我绝不会像爱第一个孩子那样再去爱另外一个宝宝的担心，这时完全消失了。

另外，我两次都没有大便失禁，但这并不是理所当然的。

02 CHAPTER

新手父母的艰苦日常

没有任何一个人会觉得初为人父母的日子容易上手。这种感觉根本难以用言语表达出来,就好像是一个甜蜜的负担,一颗充满骄傲、爱和激动的心被撕成两半。

初为人母：累并快乐着

"好了，你们可以出院了！"医生说。我们已经坐在医院里等了好几个小时，因为有一堆表格要填，还有一些最后的检查要做。但是当我们听到医生这么说的时候，还是稍微有点吓到了。就这样把小宝宝绑在他那全新的汽车安全座椅里，然后大摇大摆地走出门去，这感觉有点像穿着校服在超市里偷东西一样（我保证我绝对没有这样干过）。怎么就没有一个人过来问问我们到底知不知道我们在对这个孩子做什么？

尽管感觉自己完全是两只菜鸟，我们还是非常兴奋能回到家里，开始温馨的三人世界。你还记得自己把新出生的宝宝带回家的那几天吗？我记得很清楚。

我还记得刚刚走进家门的时候，感觉气氛有些奇怪，就好像所有的一切都变了一样；我还记得当时那种累并快乐着的感觉；我还记得依偎在沙发里接待客人，小宝宝从这个人的手里接到那个人的手里，还有我不停地躲进卧室里脱个半光给他喂奶的情景；我还记得助产士来家访的时候，我趴在她们的肩膀上哭；我还记得从我的宝贝头上散发出来的珍贵的奶香，还有他那满满的尿不湿里散发出来的一阵阵甜美的黄油爆米花的味道；我还记得我盯着每一件人们送来的可爱衣服，被它们小小的样子逗得直笑。

我还记得看起来一团糟的我，却自我感觉像是个明星；我还记得胀得畸形的乳房、洗热水澡时起皱的乳头，还有我在马桶上坐了整整一个小时，小心翼翼地拉出产后的第一次大便；我还记得看无聊的晨间剧，还对着完全不悲伤的肥皂剧哭；我还记得沙发上特意摆好的坐垫，好让我能勉强坐下来；我还记得所有的一切都感觉刚刚好，因为我被爱包围着。

我还记得那个我见过的最好看的小婴儿喝饱了奶，然后在我怀里蜷成一个球；我还记得自己当时觉得一个人带孩子好像挺容易的，还一挥手把杰赶走，这种感觉让人有点害怕，却又信心满满。

直到问题来了，那个给奶就昏睡的大招不管用了。这个小婴儿不过才几周大，就已经开始到处出故障了。

我给他喂奶，他仍然醒着；不只这样，他还是很不开心地醒着。所以我就像很多新手妈妈一样，开始上网搜索，翻遍一本又一本的育儿书，希望能从中找到答案。

这些经验之谈看上去都很有道理——我们需要建立一套规律，按照一个固定的时间表来喂奶；我们不应该一只手吃意面，另一只手抱着他睡觉，孩子应该有一个合理的就寝时间。但是有一个问题，他才不在意你那什么该死的书。

我就不明白了——为什么书里面的宝宝都没他饿得这么快，而且都比他睡得久？为什么就我摊上这么一个麻烦精？

他不光是连个简单的时间表都不能遵守，还一到晚上就胃胀气，然后我开始担心这就是很多人提到的"午夜综合征"。更确切地说，我家娃是"5小时午夜综合征"。我就只能把他抱在手里晃来晃去，而且有点儿担心像我晃这么快，他都得飞出去了。

救命，谁来救救我？！

"好好享受最初的那几天吧!"人们说,"一下就过去了!"

我当时就想,真希望它赶快过去!

"慢慢就好了!"人们还说,"到第6周的时候你就会开心了,他们渐渐哭得少了,还会开始和你互动了。"

但是我不记得日子有好起来。我只记得自己感觉很失败,挤奶变成了一个恶性循环,因为我实在是喂到乳头酸痛得受不了,而且奶量总是不够,不得不一次次地加配方奶;我只记得当时感觉糟透了,因为觉得自己把事情搞砸了而感到内疚;我只记得看着催奶师们戴着个丑丑的假乳房在那儿展示怎么正确地喂奶,有个人还说:"你做得很好,但是现在可以停下来了。"

我还记得孩子吐奶,我不停地更换满是呕吐物的睡衣,还有发疯一般地把每一种奶瓶都试一遍,指望能解决他胃胀气的问题;我还记得当时即便身边全是家人,我还是感觉很孤单;我还记得大半夜躺在床上愁得睡不着;我还记得当时特别不理解怎么还会有人想要生二胎、三胎;我还记得当时我就看着躺在游戏毯上的儿子,却完全不知道该拿他怎么办;我还记得我开始害怕起来,万一我真的受不了了可怎么办?

如果这一切都得自己一个人扛,我真不知道会变成什么样子。那时我经常会半夜醒过来,突然惊慌失措。杰总是在我身旁,发挥我那本来掌管着理性的左脑的作用。他让我约个医生看看,然后回去跟我爸妈住一段时间。

> 我真是个差劲的妈妈。

> 才不是,你只是不知道自己有多棒。

我还算幸运的——有了这样的支持,还有几包药丸,几个月后,我终于开始感觉好一些。

现在再回头看这段经历,反而感觉有些奇怪——即使我记得所有一切,但就好像是在透过一副起雾的眼镜看着另一个我。我也常常问自己,为什么当时照顾一个连动都不能动的婴儿会这么艰难。按说有了小弟之后,我一边看着那个两岁的学步娃朝着开过来的车子冲过去,一边还要在公共场合喂奶,不是应该更难吗?

但实际上却不是这样。因为最初的这段时间,是一个从完全以自我为中心转向完全以另外一个人为中心的过程。我再也不能随便抓起钥匙和钱包就跑到街边的小店去买一包QQ糖了;我必须重新学习去过一种总是把另外一个人放在第一位的生活。

我想大概没有任何一个人会觉得初次为人父母的日子容易上手,这种感觉根本难以用言语表达出来,而且仿佛做足了准备工作也没什么用。孩子就像是一个甜蜜的负担,让妈妈那颗充满了骄傲、爱和激动的心被撕成两半。

所以我写下来的这些,对于已经怀上了或者刚刚生下小宝宝的爸爸妈妈们来说,可能没什么建设性的帮助。其实,没有任何事情、任何语言,能让你对为人父母这件事做好充分的准备。即便真的有,那也只是因为你的经历可能和我的不一样,可能容易一些(但愿如此),也可能更艰难一些(但愿不是)——谁知道呢?

不过，我的确在这个过程中学到了以下几点：

大量地读育儿书和不断地上谷歌可能对有些人有帮助，但是对我来说，这简直就是所有问题的症结所在。所以在养第二个娃的时候，我们就按照自己的情况来（不过一般养二娃的时候你也会这样），这让我们感觉好多了。

这是我正在把一堆育儿书丢进一堆巨大的篝火里。事实上，我只是把它们退还给了图书馆，或者捐了出去，只不过看上去没有这么戏剧性罢了。

为人父母有时候真的很难，这是很正常的。但如果你觉得快要受不了了，那就应该寻求帮助。

尽管我给老大喂奶喂得很痛苦，但是后来喂老二的时候却很顺利。我可以告诉你，其实这两次之间没有一丁点儿不一样的地方，我唯一的遗憾只不过是当初不应该为这个而那样苛责自己。

有的宝宝会一直哭，他们本来就是这个样子。放心，他们会停下来的……迟早有一天。

不管别人怎么说，你根本就不需要非得享受每一分钟的时光。有时候，比如说你儿子直接呕吐进了你嘴里，这样的时光就没有什么好享受的。所以，真的享受的时候就好好享受，不要因为有时候暗暗希望某些时刻快些过去而感到难过。

你迟早会找到一个办法，让自己能在中午前离开家（即便这个办法需要你说很多脏话）。但是如果你发现到了下午6点，自己还是穿着睡衣坐在家里，旁边一堆尿布，吃剩半碗的麦片，还有几杯冷掉的茶，也不要因此而觉得自己整天一事无成而伤心。我打赌，你的宝贝一定是干干净净的，喂得饱饱的，穿得暖暖的，四平八稳的，这可不是一事无成，这是万事俱备。

如果你是个新手妈妈，那这句话是说给你听的：你做得很棒！

你做得很棒！

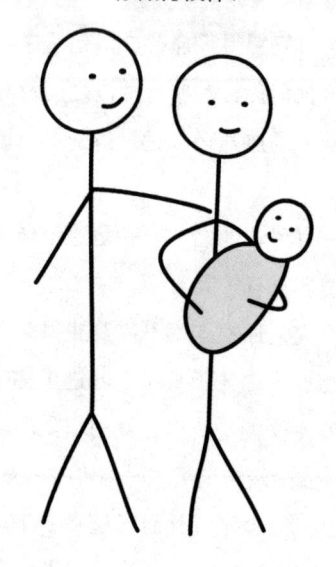

即便只是杵在那儿,还时不时地把自己关在房间里大声地呐喊一下,你也做得很棒。或许你也会躲进卫生间,偷偷地吃一根焦糖巧克力棒,这也很好。啊,还有一直在默默倒数什么时候才能再开始喝酒,这也没什么(希望如此)。

我当时真的不知道自己在干吗,其实我现在也不知道自己在干吗,但我怀疑有谁真的知道。绝大多数父母都只是在兵来将挡,水来土掩;见招拆招,见机行事。

一起养孩子：交些新朋友吧

喂？警察吗？

我们的孩子看上去差不多大耶，交个朋友吧！

很多年前，在我还没有自己的孩子时，我和刚生了宝宝的汉娜住在一起。我记得自己正准备去洗个澡的时候，她突然叫我不要去，因为卫生间里的换气扇会把她儿子吵醒。什么鬼？我想，人们干吗要生娃，还要这么大费周章地确保他能一直睡觉。

我当时坚定不移地认为，我绝对不会让自己成为一个被小不点儿占据整个人生的无趣的人（汉娜，对不起）。我觉得自己绝对不会说什么"噢，下午一点的午餐我可来不了，因为娃要午睡"——孩子们就应该围着我们的计划转，不是吗？

简而言之，我当时就像一个站着说话不腰疼的白痴，绝对应该用一条黏糊糊的鱼狠狠地扇到我脸上。

你这个白痴，大蠢猪！

后来我才发现，孩子其实就是打劫我们生活的抢劫犯。比如说，我家娃成功地让我不再需要每次出个家门都要带上三种不同的包包，不再睡懒觉，不再浪费时光去喝悠闲的下午茶，不再有每周日下午看报纸的时间，脸上不再洋溢着青春的色彩，也不再有欲望去穿除了运动衫之外的衣服。拜拜了我的精力，拜拜了我坚挺的乳房，再也别指望我能说句正常的话，再也不用想方设法应付宿醉了。还有，因为以上这些原因，我也开始减少和我那些没有娃的朋友们的联系了。

不管你怎么抱怨，反正你以前做的很多事情都不再适合有娃的生活，他们就像是专门逮捕生活情趣的警察。

你可能也注意到了，我再也不是那个"有趣的、随性的、通宵玩乐"的凯蒂了。我现在的大部分对话都是关于磨牙、乳痂、排便、午睡（明显不是说我的）、消毒，还有哪个牌子的包娃布最好之类的。好吧，对我来说这些都很有趣（基本上），这就是我的全部世界；但是对别人来说，可能大部分都很无趣。不瞒你说，我自己有时候都会被它们俗到痛哭流涕。

你还记得自己以前是怎么嘲笑朋友圈那些晒娃狂魔的吗？好，那么现在你自己很有可能就是那个狂魔。实际上，在宝宝刚生下来的那几个月里，你很有可能把你的头像换成他的大头照，因为我们不得不承认，他们看上去更好看、更年轻、更可爱。

所以，没有孩子的人开始不想和你讲话了，因为你除了聊娃还是聊娃；而且，现在你也不想和那些没有孩子的人讲话了，因为他们总是在抱怨自己有多累，尽管他们昨天晚上刚睡了13个小时，而且起来之后还在床上吃培根三明治！

你该怎么办呢？那就去找些新朋友吧！

认识养娃朋友的最好办法就是去参加胎教培训班——因为你们的孩子会在差不多的时间生出来，仅仅因为这一点就能让你们成为朋友。别担心，你根本就不需要喜欢这些人，只要有个伴可以一起喝喝咖啡，一起哭一哭就够了。即使上课时总会有些爸爸妈妈坐在那里问一些无聊的问题，而且还觉得这些课非常有用；班上还是会有一些爸爸妈妈坐在那里想"待会儿晚饭吃什么好呢"，你完全可以根据自己的喜好来，试着去坐在那些你比较中意的人身边吧！

另外一种认识妈妈闺蜜的方法是去参加育儿班或者参加母乳妈妈聚会，然后躲在一堆你在公园里刚认识的陌生人的腿中间喂奶。如果你是个不上班的奶爸，然后你看见了另外一个不上班的奶爸，我猜你就会像是在一场太平洋风暴中遇见了一个救生艇一样赶忙贴上去。

> 救救我！如果再让我和谁讨论一次乳头皲裂膏，我就要自杀了！

希望你现在已经有一些家长之友了，那么我们可以开始讨论一下他们的质量了。有的妈妈之友，她们的孩子只知道睡觉，或者吃得很好，或者会环顾房间然后微笑，而不是撕心裂肺地哭到把所有人的耳朵都震聋，这样的妈妈之友真的让人神烦，但是有总比没有好（大概吧，其实我也不是很确定）。但是最理想的情况是，你能找到一个和你遭遇差不多的妈妈之友。

比如说，我通常会比较喜欢以下这些类型的妈妈之友：

· 有一个比我家娃还要难带的娃。
· 带着酒来参加胎教班野餐，而且完全不会为此感到难为情。
· 当有人鄙视我在公交车站喂奶的时候，她会恶狠狠地看着那个人。
· 为了休息 5 分钟，而给她的小宝宝一整包玉米条。
· 即便我头发闪着油光，上衣沾着奇怪的脏东西，她也毫不在乎。
· 听见我说我家娃是个"可恶的家伙"（就和大人一样，小孩子有时候真的很可恶），她也不会吃惊得深吸一口气。
· 我行我素，完全不在意别人的看法。

啊！我又把这混蛋时间表搞混了！

·每次都会用手指戳着自己的喉咙，然后学小宝宝哽喉的声音，还会和你讨论学区房问题。

·会给我一个拥抱，然后说："亲爱的，不光你会这样。"

·新生儿课上迟到，还满不在乎。

你得知道，每个人有了孩子之后都会改变，你不可能不变，但是你也不需要改变最真实的自己。你只是需要慢慢习惯趁着给孩子唱儿歌的时候，偷偷地喝上一口杜松子酒……我只是打个比方。

所以，如果现在有人兴奋地告诉我他们怀上孩子了，还傻傻地说一些比如他们会在孩子满月时带他去参加音乐节的时候，我会嘴上说一套，而心里想着另外一套——因为如果反过来的话，会让人觉得很无礼。

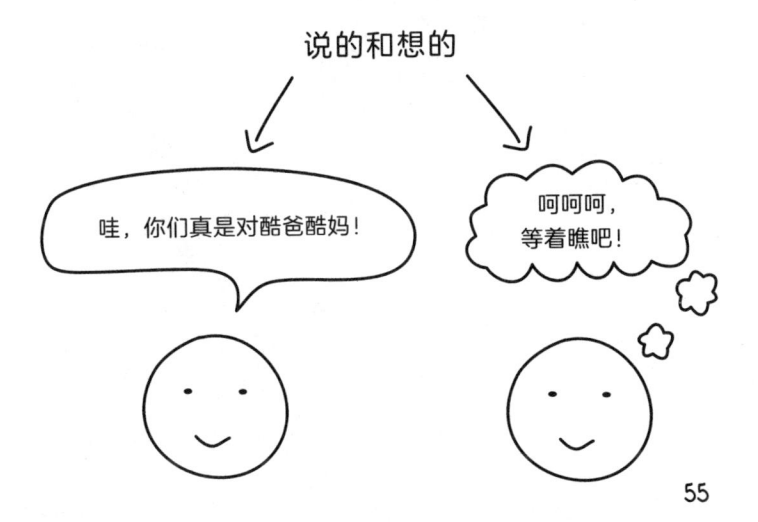

说的和想的

哇，你们真是对酷爸酷妈！

呵呵呵，等着瞧吧！

眼看着本来满心期待的准爸爸妈妈们慢慢清醒，真是一件容易让人上瘾的事。当他们终于"明白了"为人父母是怎么一回事，我保证会时刻敞开怀抱，然后准备好足够的金汤力（注：一种由杜松子酒和汤力水混合而成的经典鸡尾酒）。

最后说一下——也不要和你所有还没有孩子的朋友断绝关系，因为他们对于偶尔放纵一下可是很有用的。让他们带你放松放松，好让你有机会完全把身上的责任抛在脑后。至于孩子们，每个人都需要适当的休息。

好吧，这真的是最后的最后一句话——随着你的宝宝越来越大，你也会同时越来越远离无趣的自己。汉娜的宝宝长大一些之后，她又开始变得有趣起来了。就像我自己刚生宝宝的时候也变得很无趣，而我们的宝宝长大一些之后，我们就又可以开始出去欢度周末，喝酒，讨论我们最爱的薯片了。这就是生活的轮回。

奇招百出：
怎样让孩子睡整觉

> 他们想教我分辨白天和黑夜，但是我根本没兴趣！

有的人很幸运，能遇到晚上不闹夜的孩子，每天能按时睡 12 个小时，而且醒来的时间也能让人接受，比如说 7 点半。不管你多么想要在这些人的额头上使劲儿弹上一下，你都要记住，这真的不是他们的错——他们只是运气好（或者上辈子做的好事比你多）。

其实育儿的终极目标，就是让孩子能够睡整觉。在开始的几个月里，这个问题基本上就是每天生活的焦点，没有人有精力和意愿再去想其他任何事情。因为新手爸妈们都很快意识到，当他们的孩子处于基本无意识状态的时候，他们对孩子的爱会骤增 500%。

一开始看上去，小婴儿似乎一直都在睡觉。但这仅仅是因为你傻傻地以为他们离开你的怀抱之外还会在任何其他地方睡着……

如果你家娃真的可以在30秒内从深度睡眠变成恶魔模式的疯狂状态，那你真该给他们颁个什么奖。

所以对我来说，宝宝的睡眠问题应该是，只要在我身上，他们就睡得好。听起来好像很简单，对吧？但是呢……谁能告诉我，我要如何才能做我的事情或者睡我的觉?!

好吧，我知道了。我就不做或者不睡好了，反正谁非得睡觉啊？（提示：我需要）

你可能去买很多东西，或者尝试很多办法来让你的孩子睡觉，但是没有一样真的有用。尽管你的内心深处也明白这一点，但是绝望中的你还是愿意去试一试。

我当时就像个无可救药的笨蛋一样，花了300块钱买了一个能发出轻柔的子宫般声音的安抚小羊，还坚持多年使用强生婴儿沐浴露。

它们号称自己是"通过临床实验证明的",有助于婴儿的睡眠,只要你肯花点儿钱。贵的就一定比便宜的更有效吗?鬼才知道呢!会有人让孩子试着用用便宜的超市货,然后在第二天回访一下孩子们的感受吗?

如果爸妈给你用便宜的护肤品，会不会影响到你的睡眠？

> 绝对的，我会整夜哭闹，不停地胀气！

> 我觉得你问这个问题就很让人生气！

到了晚上，你会觉得你的宝贝好像醒着的时候比睡着的时候多——事实的确如此。你还会觉得你老公连个奶都没有，简直可以去死了。如果你们是喂奶粉，而你家娃醒着的时候你老公还能呼呼大睡，那么看看如果你一不小心撞到了他的蛋蛋，他是不是还能睡着。如果这一切都是你一个人在承担，那么我真的要好好膜拜一下你，我还希望你有足够多的杜松子酒。

等你花了两个小时，好不容易给你的宝贝喂饱了奶，拍完了嗝，把他或她轻轻地放下去睡觉的时候，他们常常会：

A. 吐自己一身
B. 拉屎
C. 以上两项同时发生

恭喜你，你的孩子现在又会再坚持两个小时不睡觉了。

缺觉真的让人抓狂，缺觉的人会饥不择食地做任何尝试。不久前，我无意中听见一个妈妈和一个家访护士关于她那6个月大的女儿的对话。大概是这样的：

抓狂的妈妈：我一离开房间她就开始哭，然后我就等15分钟再进去，但她还是不停地哭——我应该再等久一些吗？
家访护士：你不能把那么小的孩子搁在那里哭上15分钟。

抓狂的妈妈：但是上一个家访护士叫我15分钟别管她，你觉得我该怎么办呢？
家访护士：嗯，我觉得她好像是太累了。你试过让她早点入睡吗？

越来越抓狂的妈妈：没有——是你们以前叫我让她晚点睡觉的啊，说她可能是还不够累……

家访护士：额，那可能就是饿了。你白天应该多给她喂点辅食。

非常焦躁和抓狂的妈妈：可是她吃得很多啊——为什么每个人的说法都不一样？我到底要怎样才能知道谁说的是对的呢？

唉，其实问题在于——没有人能告诉你怎么让你的孩子睡觉，别人只能告诉你他们失败的经验。孩子也是人，小小的人类。他们才不管吉娜·福特（注：英国版崔玉涛医生，超级育儿师）是怎么向你们保证婴儿在8周大的时候就能睡整觉了。

你瞧，不管我多喜欢一边看电视一边睡觉，我们还是会把房间里的电子屏幕换成冥想音乐。隔壁的珠恩喜欢一边喝热牛奶一边看书，三层楼下的路易斯先生喜欢喝一大瓶红酒昏睡过去。其实孩子们也一样——只是你不能让他们喝酒（尽管这可能是唯一真正有效的方法）。

我们家老大很给力，他差不多从4个半月起就开始睡整觉了。人们经常会问我有什么秘诀，我怎么回答呢？"额，其实我不知道。他自然而然就是这样的。"一个鲜明的对比就是我们家小弟，他差不多直到一岁才开始第一次睡整觉，而且直到现在都还是个讨厌的黑夜恶魔。

我真心觉得，每一个孩子都自带一个睡整觉的开关，这个开关是开着还是关着，基本上在他们出生的时候就已经被神秘地设置好了。即使等到他们真的可以开始睡整觉了，你仍然不能好好享受，因为你总会在凌晨5点惊醒过来，生怕他们突然没有呼吸了。

这时，你已经不太可能再睡得着了。尤其是如果你还在母乳喂养的话，那你还得起床挤奶。

接下来的一个晚上,你就会发了疯似的去回忆前面那个神奇的晚上你是做了什么事情让他睡整觉的,然后你想也许再做一次应该就会有一样的效果。比平时晚一些的晚餐,迷糊中喂奶,舒服的泡澡,讲故事,催眠曲,保温值2.5的睡袋外加长袖外套……这些会有用吗?有用才怪呢!

不如做好准备和你家娃玩上很久的猫和老鼠的游戏吧!等你的孩子最后(希望如此)真的实现了奇迹般的连续睡整觉,你可能又会自讨苦吃地决定再怀一个,然后你就又得把这个过程整个重来一遍。

还有,你的小宝宝总会长大成幼儿,如果他们和我家娃差不多的话,那肯定会长成一个睡前唠叨大师。然后,我开始每天都宁愿他们回到新生婴儿的时候。

世界上最复杂的喂养难题：从什么都吃，到什么都挑

关于育儿，我基本上不觉得有什么事情是完全绝对的，但是我敢肯定的是，如果孩子们不用吃东西的话，我会更加爱他们。

当然也并不总是这样。因为我的宝宝快满 6 个月了，却还在食管逆流，我真心等不及能开始给他吃饭，这样就可以解除那个奶瓶、呕吐、奶瓶，然后吐得更厉害的无聊的诅咒了。

不过有了孩子之后,你的脑回路会发生一些有意思的改变,就好像我的期待很快就变成了困惑,因为我才意识到——原本以为很简单的喂辅食,竟然是这世界上最复杂的事情。居然有那么多通篇就是在讲这件事情的书,我之所以知道是因为我买了(好吧,我必须承认我在送进篝火堆的书里什么都没学到)。

书里说我需要自己做决定,然后身边的每一个人都会问:"你们什么时候开始啊?""你准备怎么弄呢?""你会用罐头吗,还是准备全部现做?"

我被弄晕了,因为真的不知道该怎么做,所以就惊慌失措地开始买东西,以为这样可以让自己看起来很拿手的样子。所以只要心里不顺——那就去购物吧!我买了一个很贵的多功能蒸汽搅拌机,还有个什么制冰盒,准备用来冷藏所有那些我根本就不会做的食物;还买了各种死贵死贵的有机蔬菜,尽管我自己从来不吃什么有机食品。

一开始,添加辅食看起来似乎是个蛮有趣的打发时间的事情,但很快就变得有些没完没了了。生活开始变得只有奶和食物,食物和奶——望不到尽头。刚喝完一瓶奶,又得开始喂辅食了;然后辅食刚吃完,又要准备晚餐了。真是受不了，宝宝们除了吃还是吃。

我很快就意识到，我实在是太容易紧张了，所以不可能做到完全的宝宝自主添加辅食[1]。我不能忍受贵得要死的杧果粒被扔得满屋子都是（这多没教养啊），所以我们只能一半自主一半传统。

1.自主添加辅食是指根据宝宝自己的进食节奏和兴趣，直接让宝宝用手抓着吃；传统添加辅食是指由家长根据宝宝食量和进食速度用勺子喂食。

不过，我建议在孩子自主添加辅食脑残粉面前，你还是要注意用词。记得有一次，我对一个婴儿群里的妈妈（我们就叫她杰妮吧）这样讲的时候，她被我这种混搭的方法震惊了，差点儿被自己的口水呛到。

我：为了灵活一些，我们是一顿吃手抓餐，一顿用勺子喂——所以一半自主，一半传统。

杰妮：宝宝自主添加辅食是铁杆才能说的。如果你用过一次勺子喂，你就不能用这个词！

我：哦，好吧，不好意思。不过如果我的宝宝想要吃一点维他麦谷物棒，或者肉馅土豆饼，那怎么办呢？

杰妮：这种情况下，你是可以用勺子喂的。但是你必须把食物放在勺子里，然后递给你的宝宝，让他来决定到底是把它放进自己的嘴里还是鼻孔里。

我：但是我的宝宝好像只想马上吃到食物。

杰妮：这是规则！

我：谁制定的规则呢？宝宝们？

杰妮：额……用勺子喂食是恶魔的产物，你要远离！

杰妮到底为什么这么在意，我管不着。但是据我所知，当你帮助宝宝把酸奶吃进嘴里，而不是看着他用那个"邪恶"的工具把它喂到眼睛里去，这对每个人都好一些。

不过，尽管我喜欢用勺子来喂某些食物，我还是忍受不了不断地把东西做成泥。我承认，最后口水巾上沾满花椰菜的泥，是一件让人很有成就感的事，但是准备起来真的很麻烦，你得不停地担心解冻时间、加热火候什么的。

虽然我一开始也有些怀疑罐头辅食（它们也是邪恶的，对吗），但是当我仔细看了看胡萝卜泥罐子上面的说明，我发现里面除了胡萝卜还是胡萝卜，根本没有什么邪恶的东西！当然了，除非你认为所有的胡萝卜本身就是邪恶的，反正我是不信。

我会从里面
把你的孩子吃个空！

看似我是大费周折才做出这个决定的，事实上，这只花了我两天时间。

所以，我的添加辅食的经验是这样的：

不要用杧果做手抓食品，尽量在家做饭，出去逛的时候可以用罐头食品，可以偶尔吃一包芝士片，它们可比口腔软膏要有用得多。所以，基本上我们什么都会采用一点。

第二次加辅食就更容易一些。反正大哥吃什么，小弟就吃什么。很多时候，基本上就是我们自己吃的东西的清淡版，这样还蛮好的，我也不用再去读什么书了。

等我们越过辅食那道坎，开始能吃正常食物的时候，我有一个阶段为自己非凡的当妈技巧而扬扬自得——我养出了一个什么都吃的孩子：三文鱼、黄瓜、豆泥酱、西蓝花、小米、猫粮、沙子、他自己在公园里找到的口香糖……你随便说，反正他都吃。

如果摊上一个挑食的娃，该有多痛苦啊！虽然十有八九是因为这些孩子的父母喂炸鸡块给小孩当辅食。

直到一切发生了改变，他开始宣布妈妈的自制爱心土豆饼吃起来其实很"恶心"。随着他慢慢长大，他越来越坚定地开始缩短他愿意吃的食物清单。等到快两岁的时候，他基本上除了吐司面包、意面和奶酪之外，什么都不肯吃了。甚至有时候，如果奶酪切出来的形状不对，他都不肯吃。

为什么？为什么？为什么？！我真是想不明白。这个小屁孩到底在想些什么？直到有一天我提前去托儿所接他，刚好赶上他们的茶话会，我才突然明白是怎么回事。

他以前本来超级喜欢吃青豆，但是我发现他的盘子里剩下很多没有吃。"青豆不好吃吗？"我问他。突然整桌的娃一起叫起来："我们都不喜欢吃青豆！没人喜欢青豆！我们不要吃青豆！"

我们不要吃青豆！

啊，我知道了！原来这背后还有点小阴谋呢！他们竟然在自己可怜的爸爸妈妈背后偷偷地传着小纸条……

小鬼们的小纸条上写着：

我注意到，在我们托儿所有一个令人担忧的现象，有人似乎对于递到面前的食物饥不择食；我还注意到，有人竟然主动吃蔬菜，真是恶心到我了。

大家听好了，要画重点了，记住啦！以下几点一定要遵守！

- 定好调调——花一个星期，戒掉果酱面包。

- 早餐除了蛋奶星星之外，什么都不要吃。周一、周四还有每隔一个周五，要光吃不能喝牛奶。如果弄混了，可是会呼吸困难的。

- 绝对不要尝试任何新东西，绝不。

- 即使你昨天喜欢吃什么东西，不代表你今天也要喜欢。你完全有权利改变主意，你也没有义务为此而做什么特别解释。

- 水果做的布丁是个什么鬼。

- 任何新鲜的东西看起来都很可疑。只有那些苍白的、看起来死气沉沉的东西才安全。

- 在超市的时候，要求买各种各样的食物，然后回家后就死不认账；或者先让他们做好，然后再说你不喜欢吃。

- 花点时间把商标换掉，这样你就可以名正言顺地拒绝吃便宜的东西了。

- 任何需要花超过 30 秒钟准备的食物都不要接受。

- 每过 10 秒钟就要问一次做好了没，如果等待时间太长，就用拳头捶地以表愤慨。这可能会导致端上来的食物还没完全解冻，但是有什么关系，反正你又不会吃。

- 星期三下午不要吃东西，就不要。

- 每次吃饭都要确保你有一个勺子、一把刀还有两把叉子，然后用手抓东西吃。

·坚持只用你的专用盘子吃东西。如果它还没洗干净，你就抓狂。

·尽可能地往桌子外面撒麦片。妈妈们老是说她们"一辈子都在打扫厨房地板"，那我们得帮她们实现这个梦想。

·不要吃那个叫什么甜玉米的东西，它听起来好像比其他蔬菜好吃一些，但是它其实就是黄色的豆子。

·如果有人告诉你西蓝花长得像"一棵小树苗"，你就踢他一脚。真是自恃清高，让人恶心。牛油果？什么鬼？不要！

·任何带酱汁的东西都不要吃，因为酱汁里面可能混着蔬菜。

·绝不要喝水。他们如果说"你渴了就会喝的"，不要理他们。一定要坚持到脱水，然后去医院，他们就会知道你的厉害了。

·每次洗澡的时候，都要说你饿了。

·要养成半夜起来要香蕉吃的习惯。

·蔬菜拼盘、炖菜、派，都是不能吃的。

·维他麦棒简直就是在小瞧人。

·红薯片简直就是在侮辱人。

·把食物做成谁的脸或者蠢得要死的农场动物的话，你应该愤怒地把盘子扔得远远的。

啊哈！所有的一切终于有答案了，就像我一直担心的那样。小孩子比他们表现出来的样子要聪明得多，而且他们一直在密谋让我们倒台。

所以，如果你有个挑食的娃（现在我们家两个都是，多幸运啊），那么你可以试试以下两个办法：

1. 做他们想吃的东西，虽然这意味着你得给每顿饭准备两套餐，那也只能这样。

2. 一定要坚持要么吃掉，要么倒掉的原则。我是说他们肯定不会愿意饿肚子的，对吧？

我试过第二个办法，真实教训就是这个完全取决于你的孩子。小弟3岁大的时候，挑食的情况到了顶峰，基本上靠喝西北风过活。他又瘦又倔，可能是我不够坚定，但是我真的无法做到让他饿着肚子睡觉（其实也是出于自私的原因，要不然他就会在凌晨4点的时候准时爬起来要麦片粒）。

所以我不再做那些完美主义的美梦（感觉我的整个育儿经差不多都是这样），而是满足地认为我们还活着，我们挺开心的。所以如果一天中有那么一两次能让还算健康的东西吃进他们的肚子里去，那么我觉得就已经算是成功了。

还有……有时候我还是会做一些坏事，比如把罐装奶油直接喷进他们的嘴里，就为了看一眼他们脸上放射出来的奇异光芒——有时候你真的无法控制想这样做。

> 如果你的孩子挑食，
> 那你大概不应该这么做……
> （不过我反正是停不下来）

毕竟，活着就是为了好好生活，不是吗？

意义非凡（无聊）的里程碑：有必要那么在意吗？

今天，我把那个东西拉在妈妈的羊绒衫上了！

好吧，我承认自己当时确实是个白痴，才会在一个婴儿旁边穿一件羊绒衫。这么做的人就活该身上粘上臭臭。我现在没有任何羊绒的东西，因为我根本就不能有什么好东西。我记得很清楚，当时老大是怎么把一坨屁屁发射到两米之外，然后击中了我的拖鞋的。

相较之下，我反而不记得我的两个孩子第一次笑到底是什么时候，不过我记得我们研究了很久，那个声音到底是打嗝还是什么，然后我记得这个研究变得无聊了起来。

至于翻身，这到底有什么了不起的？它不就意味着小婴儿把脸抬起来挨在插座前面，卡在那里不能动，这到底有什么用？

> 今天我特别厉害地电到了自己！

不过，你总是会碰到有些爸爸妈妈特别在意自己的孩子能"准时"到达那些里程碑，或者最好能比别人早一些。很多人宁愿花更多的时间担心自己的孩子到底有没有到达里程碑，也不愿花精力去教他们怎么实现这些目标。

某个妈妈：我好害怕，我真的好害怕！他现在应该会拍手了啊！

某个理性的人：别担心，每个孩子的成长速度都是不一样的。

某个妈妈：但是别人会觉得他是个傻子！

某个理性的人：那么你教他拍手的时候，他是什么反应呢？

某个妈妈：不知道啊，因为我整天都在亲子论坛上面逛得发慌。让他们看《小猪佩奇》他们应该就会拍手了吧？貌似小孩子看那个的时候，总是不停地拍手啊！

某个理性的人：那是。

我不理解的是，人们为什么总是对于这种无聊的、普通的里程碑这么在意。拍手当然很好玩，但是我宁愿能有个更详细的时间表，好让我知道什么时候开始我就搞不定他们了。

说真的，我才不在乎我儿子什么时候能握拳呢！有没有谁能告诉我他什么时候开始会从我的钱包里面拿钱呢？

今天我吃了张10块钱！

我知道大概什么时候我能听见第一声"妈妈"，但是为什么没有一本书能告诉我他们平均长到几岁的时候会在大庭广众之下说脏话呢？

谁在乎他们什么时候才能开始坐立？我想知道的是他们什么时候开始会打人！

6个月大的时候，他们基本上会长出第一颗牙齿，但是他们什么时候开始会使劲儿把别人咬出血？

今天我因为重伤罪被赶出游乐场了。

会叠杯子当然好，但是大概到多大的时候你要开始注意他们在家里的墙上乱涂乱画？

> 今天，我在刚刷好的墙上画了很多屁股！

耶，他们能握住玩具了！但是他们到底什么时候才能把握现实？！

我希望这种对话能被更多的人接受……

另一个妈妈：我们的孩子看上去差不多大，你们家多大了？
我：16个月。
另一个妈妈：正是好玩的时候，不是吗？
我：确实好玩。
另一个妈妈：他开始说三个字的话了，真的好神奇。

我：对啊，是很神奇。那他能拖着一个工具走到你家大门口，打开锁然后把自己放出去吗？

另一个妈妈：额，不能……

我在开玩笑吗？真希望我是在开玩笑！16个月大，只有16个月哎！

所以，我唯一的建议就是，如果你的孩子到两岁了都还不会因为一点鸡毛蒜皮的小事而怒气冲天地把你的手机扔出去，那么你十有八九应该带他去儿保科检查检查了。

共同育儿：为爸爸们点赞

> 爸爸今天在当保姆，真好啊！

> 我不是在当保姆，他们就是我的孩子啊！

所以，我讲了很多当妈妈的事情，对吗？这是无法避免的——我是个妈妈，所以我只能代表自己发言。但是为人父母不仅仅只是母亲，所以我想我们最好也给爸爸们点一些赞。

尽管你可能想要看到这一整章都在讲他们是多么没有用处,那么不好意思,让你失望了。当然了,爸爸们会做很多傻事——杰不止一次会把孩子们绑在车上,一直开到目的地才发现他们连鞋子都没穿(不用我说你也知道,接下来就会需要临时买鞋,还有很多好听的话)。但是这并不是因为他是一个没用的爸爸,仅仅只是因为他有时候就是有点儿傻。但是我也会犯傻,从这本书里你经常可以看到。

不可否认的是,这世界上还有蹩脚的爸爸、懒爸爸、总是缺席的爸爸,以及扬长而去的爸爸(其实这样的妈妈也是有的),但我们还是花个一分钟时间来说说那些认真对待父亲角色的爸爸们吧……

你瞧,世道一直是在变化的,男人们不再像以前那样等在产房外面,或者直接走进酒吧里点一杯庆祝生娃的酒,或者从来没换过一个尿片。现在,分担责任已经越来越普遍了。为什么爸爸们不能陪他们的孩子睡觉呢?他们为什么不能整理好尿片包,然后独自照顾他们整个周末呢?他们当然还可以给他们做饭,穿衣,还能不用照着清单而让孩子玩得开心(至少迟早能这样),对吗?这不仅仅是为了妈妈们好(对她们当然好),或者为了爸爸们好(对他们来说真的很好),而是因为这会让他们的孩子获益;他们能学到的最好的关于公平的课，就从这里开始。

所以，当我们看见一个爸爸在公园里遛娃，不是什么"美好"的事，而是一件很"普通"的事；有一个会半夜起来哄孩子的老公，不是什么"幸运"，而是"正常"；看见一个男人在喂他的孩子，不是什么让人"羡慕"的事，这只说明他不是一个"白痴"。

基于这种想法，我认为可以让杰来分享一些他自己的想法，他的担忧以及他的一些当爸爸的经验。毕竟我怎么可以写一本关于为人父母的书，却不问问那个站在我身边和我一起战斗的男人呢（实际上他被吓到了，因为他坚持认为自己不会写东西，而且还逼着我一定要先警告你们"这可一点都不好笑"，虽然说真的，我觉得他写得挺好的。不过画不是他画的，毕竟很明显，我花了很多年来学习绘画这件事情，才让我的竹竿人看起来像模像样）？

好了，废话少说……

爸爸的辛苦与挑战：尽可能地参与孩子的成长

> 我们准备好了吗？
> 我们负担得起吗？
> 我们该怎么做？
> 他会喜欢《星球大战》吗？
> 他会支持哪支球队？
> 我们还要生一个吗？
> 我们可以养只狗吗？
> ……

如果你问我，当爸爸的第一个晚上感觉怎么样，我会说感觉"很奇怪"。你已经很久没合过眼了，刚经历了不同阶段的恐惧，然后是奇迹般的平静，随之而来的又是各种担心，然后就被赶回家了——一个人。而你生命中最重要的两个人却被留在了医院里。那是一个从来没有过的夜晚——对我来说，一个正常的在家的晚上是放松放松，看场电影，听听音乐，还有玩玩游戏。但是这个晚上，我就只是坐在那里，不敢去想到底发生了什么事情，然后希望时光能快进，好让我赶快回到他们身边。

我足足休了两个星期的产假,才返回公司上班。刚开始的几天,主要都是在适应家庭生活,盯着看那个全新的小男孩吃喝拉撒,感觉很好玩。孩子有个好处,就是他们很能睡,总是睡。反正我们家娃是这样,起码一开始是的。而且,他们也不干什么。记得当时正值夏天,我们刚搬到了一个新社区,这样我们终于可以出门享受享受了(我是指去社区公园)。

> 快照张相!他只有我的啤酒杯那么大!

在最开始的几个星期里,最可怕的部分就是很多担心。我们真的要操心很多事情:他睡好了吗?他喝够了吗?他够重吗？诸如此类。然后我逐渐意识到，凯蒂不能再喂奶了，她感觉很不好。妈妈们总是会面临巨大的压力，不得不自己喂奶，但是有时候真的没办法。我尝试着让她相信这没什么关系，但是就像其他时候一样，作为一个父亲，你最后总会发现自己实在是帮不上什么忙。

我都还没有意识到，就已经到了该回去上班的时间了，我又开始了每天4小时往返伦敦的生活。我的一个客户和我开玩笑说："要是需要休息了，就回来上班！"他说得没错，只是并不完全是这样。照顾宝宝和凯蒂是生理上的累，在头几个月里要适应骤减的睡眠真的很痛苦，我会硬撑着不睡而仔细听宝宝有没有异常呼吸的声音（其实貌似也没什么问题），然后我还会不停地钻出被窝来喂奶、温奶还有消毒。到了二娃的时候，凯蒂喂奶喂得比较顺利，但是我的感觉反而怪怪的，因为就好像我没能发挥什么作用一样，尤其是晚上起来喂奶这件事。我感到很内疚，因为我常常就呼呼大睡一觉到天亮了。

但是我从来都不想成为一个周末爸爸，我希望能从一开始就尽量多地参与孩子们的成长。我知道在刚开始的时候，妈妈会承担大部分责任，但是我希望只要凯蒂能做的事情，我就能做（生理允许的情况下），这样至少她能有时间喘口气。我知道人们有时候会觉得当爹很容易，因为反正他们基本上就是在外面工作。但是我觉得正因为这样，我们其实错失了很多东西。看照片和视频和自己亲历可完全不一样。

工作其实也并不总是休息，光是通勤就很可怕，我经常只能坐在办公桌前吃饭，或者根本就吃不上饭，感觉自己好像整天都在到处救火一样——所以，当我知道凯蒂一天在干些什么的时候，我有点愤慨，但是我知道出去和朋友喝咖啡其实并没有听起来那么美好。所以我觉得大概月亮总是别人家的圆，如果你不是在真正地做着另一个人的工作，你就不了解她到底会面临什么挑战。

出去喝咖啡

想象中的　　　　　　　　　实际上的

有时候,我还要出差。虽然不是很经常,但一个月总有那么一两次。每当告诉儿子们我要出去哪怕只是一晚,他们都会伤心,所以我和他们在一起的时间就特别珍贵:下班后一起在沙发上看电视,睡觉前讲故事,他们摔倒在树林里之后我擦掉他们手上的泥,他们累了、生气了、不高兴了,我会给他们一个大大的拥抱。周末是我们的家庭时光,我们希望能4个人一起共处,同时也尝试着给对方一点自己的时间……凯蒂总是会很享受在泡澡的时候读点儿书。

作为家里唯一一个出去工作的人（在头一年里），我感到有些压力。我总是力求保住工作，因为现在只有靠我的薪水来还贷款和买奶粉；但越是这样，就越让人担心。我在应付工作的同时，还想要做一个积极的爸爸，后来我意识到，每天这样通勤是行不通的。我不能花足够多的时间和我的新生宝宝在一起，所以当我碰到一个离家近一些的工作机会，我想都没想就接下了。当时觉得有点儿冒险，而且薪水还少了一些，但是如果我们不能保证自己的生活质量，而只是疲于奔波，那又有什么意义呢？

我非常享受为人父母这件事。我永远不会忘记第一次带老大出门骑车的经历——他直接就骑上去了。讲真，他坚持了20秒钟，然后就摔了。没有人能提前告诉你，当你看见你的孩子第一次做某件事情的时候，你会有多骄傲。

现在说说那些让我觉得抓狂的地方。因为不再有什么时间发展个人的兴趣爱好了，所以我时常感到有点沮丧。我喜欢摄影、音乐还有游戏，但是现在我别无选择，只能见缝插针地打游击战了。我和儿子们在一起时偶尔也会缺乏耐心，我也不喜欢对他们提高嗓门。有时候，当一切安静下来，你们正在一起堆乐高，一起用黏土做小汽车，一起看书，一起看电视，然后他们会突然停下来，抬起头来看着你说……

老大：爸爸？

我：怎么了兄弟？

老大：我爱你。

然后一切都变得很完美。他们发脾气，争吵，烦死人的十万个为什么，不肯吃饭，不肯穿衣，不肯睡觉，所有这些在那一瞬间全都不见了。

不管怎么说，应该还不是很糟糕，不是吗？要不然我们为什么还要生第二个？我想，人们有时候可能会觉得有两个同样性别的孩子不好，但实际上很好，因为他们有很多共同点。一开始，我们也遇到了嫉妒的问题，但是后来他们就开始越来越多地一起玩。当然，他们还是会吵架，会拿着自制的武器打架，但是在这些虚张声势的样子背后，你能看出来他们很爱对方，我希望他们永远都是好朋友。

他们最近变化很大，我和他们的关系也发生了很大的变化。现在，我可以帮老大通关《刺猬索尼克》，还可以和小弟一起踢球。我们终于可以开始一起做一些我也乐在其中的事了——他们也爱《星球大战》（哦，这实在是太好了），然后我开始祈祷他们长大以后也会爱上拳击比赛。

我这个当爸爸的，能够做到的基本上就是给我们这个家尽量多的支持。他们每个人的需求都不一样，而我尽量有求必应，不管是找到藏在冰箱下面的玩具汽车，还是弄明白他们为什么不愿意去学校，或者给一个大大的拥抱，或者及时叫停，或者是等我们终于把他们哄睡觉了，调一杯好喝的金汤力。但愿我表现得还可以。

他不是十全十美的,又有谁是呢?但是他是个好爸爸。如果他不再老是忘记让他们穿上该死的鞋,那么我可能还会说他是一个"很棒的"爸爸。所以好吧……我觉得他表现得还不错。

附言

我知道,肯定会有单亲妈妈们也正看到这里,甚至会有单亲爸爸们,或者有些即使有伴侣,却不得不独自承担起所有责任的爸爸妈妈们。敬礼!鞠躬!我希望你们能意识到自己有多伟大!

03
CHAPTER

渐渐看到曙光

有时候,我觉得是我们做父母的给了自己过多的压力,希望自己是完美的。但是我们也是人,不可避免地会做错事。然而,每当漫长的一天结束回到家,看到那两张5秒钟内就冲进我怀里的可爱的小脸蛋,就足以让所有的不完美都显得不再那么重要。

改变：从可爱的一岁到可怕的两岁

儿童心理学认为……

今天早上　　　　　　今天下午

啥都喜欢！

啥都讨厌！

花儿　　阳光　　面包加芝士　　其他人

记得我的两个孩子满一岁的时候，都有很大的变化。他们突然就会做大人做的事情了，比如走路和说话。看着他们开始发展自己的小小个性和小小怪癖，真的好神奇！

当你看着一个幼儿那股自信,那股对生活的热情和洋溢的精力,你能不感慨吗?如果我们长大了都还能保持这份能量,那该有多美好!

他们看见自己喜欢的东西,就抓到手里来;他们看见有人做什么他们不喜欢的事情,就把他们一把推开。他们总是在奔跑,在探索,总是想知道门的那一边有什么。他们看见一个掉在地上的烟蒂,也会觉得很好奇。他们还会因为某件事情而笑得全身颤抖,其实也没那么好笑。他们欢欣鼓舞地迎接这个世界,就好像这个世界都是他们的一样。

学步期的孩子对爸爸妈妈来说就更神奇了（仅持续一下下）。你总是在说："你看见了吗？你听见他刚才说什么了吗？"基本上，他们的一举一动，你都会觉得可爱得要死。

但是好景总是不长。

记得有一次，我正躺在沙发上干点自己的事情（好吧，我知道是我的错），小弟突然不知道从哪里冒了出来，然后把他的饮水杯一下子砸到我的脸上。对于一个还没满两岁的孩子来说，劲儿可真够大的。我眼看着左眼周围那块皮肤明显瘀血，不得不担心这件事情是有隐含寓意的——象征着我们的婴儿阶段正式结束了。

欢迎进入传说中的"可怕的两岁"（其实从我的经验看来，这个阶段基本上从差不多 14 个月的时候就开始了，然后一直持续到……反正看老大的样子，直到现在 6 岁了都还没完全结束），基本上这个阶段的特点就是你家那个小小的人儿会因为一些说起来其实很无厘头的事情而大发雷霆。

虽然于心不忍，但我还是要告诉你，你家那个可爱的天使会逐渐展示出他内心恶魔的一面，这个情况在你可预见的时间里会一直持续。就好像他们本来很乖很听话，突然就处处跟你作对了。

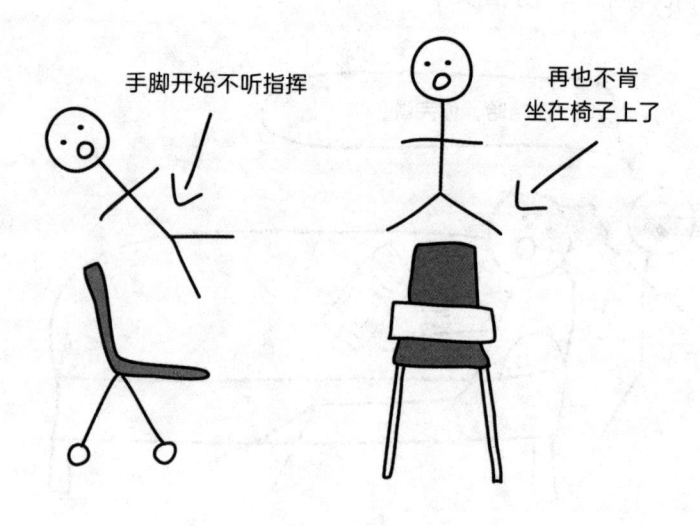

手脚开始不听指挥

再也不肯坐在椅子上了

我真不是危言耸听，但是事情会发展得让人有点害怕。我记得老大有一次发脾气发到脸都涨成了深蓝色，躺在地上全身抽搐。当时我吓得尖叫起来，以为他是发羊癫疯了，赶紧冲过去打110。哪知道其实他只是因为我把他的香蕉拧成了两半，让他"有一点儿"生气，然后生气就变得比呼吸还重要了。

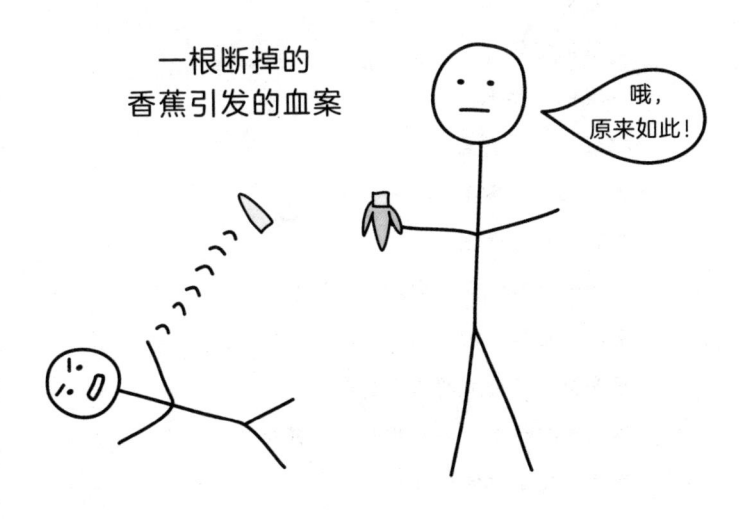

一根断掉的
香蕉引发的血案

哦，原来如此！

事情当然不会就此打住。下面我来列出一些我发现可能会惹怒一个学步期孩子的事情：

· 没给他饼干就直接把他绑在婴儿车里

- 看见一辆汽车或者火车，但是却不能坐在上面
- 不准他用水把自己全身浇湿
- 总是吃不完的蓝莓
- 不准他给猫喂酸奶吃
- 猫不喜欢吃酸奶
- 不准他在桌子上乱画
- 画不好
- 不准他吃笔
- 不准他吃黏土
- 把黏土吃进嘴里
- 把泥巴吃进嘴里
- 把肥皂吃进嘴里
- 因为不好好吃正经食物，结果饿了
- 不准他把笔盖放进嘴里
- 想要把不能弯曲的东西折起来
- 不准他把精心准备的东西扔出窗外
- 其他人碰了他的踏板车
- 其他人看了一眼他的踏板车
- 故意跳进水塘里，结果鞋打湿了
- 非要用手抓着豆子吃，结果豆汁留在了手上
- 不准他拿剑敲电视

- 给他穿上的袜子有点歪
- 自己脱不下来袜子
- 没穿袜子
- 给他戴手套
- 芝士切成条,而不是块

……

当然,这么长的清单也列不完所有的事情。我能一直一直讲下去,但是又有什么用呢?这个年纪的孩子可能上一分钟还在因为某个东西而生气,下一分钟又变成了他的最爱。比如说小火车,到底是他们最爱的玩具呢,还是用得最顺手的"凶器"呢?

我告诉你，这么大的孩子真的就是个小疯子。我们本来很开心地准备出发去公园玩，谁知道小弟突然宣布如果不让他光着身子，他就不去。他会自己用头去撞桌子，然后转过来怪我。当我们正在宜家不厌其烦地挑选一套非常复杂的衣柜的最后一个组件的时候，他突然说杯子的颜色让他很生气（那明明就是他上午自己选的嘛）。

如果他们发脾气只是针对我的话，情况还不算太糟；但不巧的是，很大一部分会发泄到周围的人身上。只要我们坐在挤满人的火车车厢里，或者是人挤人的电梯里，他就会上一秒兴奋，然后下一秒又无厘头地闹起来。

真是没完没了，不是吗？当他提出来要"蓝色的猫冰激凌"（?!）的时候，我会紧张地发笑，然后他就会声音越来越大，越来越吵，直到他都完全忘了自己到底是要什么。而我本来就一头雾水，所以不一会儿我们俩就都开始哭起来，然后旁边的人就会像看见怪物一样看着我们。

总而言之，小孩子们真的是个烦人精。我打赌你肯定在想有什么好办法对付这些情况，对吧？我的建议是让他们在托儿所多待几个小时，好让你把自己多关在屋子里单独静一静。除此之外，不好意思，我想你恐怕得去买本别的书来看看了。

不过知道这毕竟是阶段性的,还是让人心存希望。这就和育儿的其他问题一样,都只是一个阶段,只不过是一个很长、看起来似乎望不到边的阶段。即使靠了边,也只是踏上了接下来人们通常会很开心地告诉你的——一个更恐怖的阶段。

真的,当你家孩子正瘫在你脚下,不停地捶击地板,就因为你不允许他把自己的玩具人偶放进微波炉里加热,你很难想起他的好处来。但是请记住,这并不会持续很久。

总有一天,他们会感激你为他们所做的一切。

总有一天,他们会把头埋在你的怀里,开心地、心情愉悦地、满脸带笑地告诉你:"妈妈,我要把你切成碎片,然后用你造一个房子。"然后,他们已经开始用一把塑料锯子哼哧哼哧地锯你的腿了。

为人父母——"你应得的"

好玩的游戏：
让一天充实起来

> 好的，伙计们，我们能做到的，只要我们齐心协力！

愚蠢的起床时间

睡觉时间

  反正不管我的孩子们决定早上几点开始把我吵醒，我脑海里浮现的第一件事情就是喝咖啡，喝很多很多亲爱的咖啡；接下来就是，我们今天干点儿什么好呢？答案是——各种游戏！在这一节里，我会讲很多我觉得很"好玩"的亲子游戏，这些游戏都是专门为了能让你们的一整天都充实起来而精心定制的，好让你们顺利熬到晚上的睡觉时间。

早教课

早教课非常有用。你可以有很多选择——音乐课、绘画课、舞蹈课、少儿瑜伽、双语宝贝……好吧,有一些可能是我乱编的,反正你知道我想说什么。

基本上,你必须一开始就一次性丢一大笔钱给他们,把整个课程都买下来,但你可能连一半都上不完。不过这些都没关系,因为比起站在教室的角落看着在尖叫的小婴儿,怀疑自己是一个不合格的妈妈,200块钱一节课算得了什么呢!

这里是一张我的图片(见右页),画的是我正在上一堂婴儿按摩课。说实话,我觉得没有任何一个人觉得有趣,除了站在前面的那个口袋里装满现钞的女人,而且她还不用照顾那些满身油腻正在发飙的婴儿。

来我们这里吧，你可以在放松和舒适的环境里，和孩子培养深厚的感情。我们的承诺：这有助于他们的睡眠！

嗯，可能还要再来一点油！

还有很多号称可以开发孩子智力的课程，但事实上，它们可能还不如一个空掉的薯片袋有用。

你喜欢今天的小小莫扎特课吗，我的小蛋糕？

不喜欢。我就喜欢看着窗外，你这个笨蛋！

而且,你最好时刻提醒一下自己,你就算买上很多袋薯片,也用不掉母子瑜伽课学费的一个零头。

亲子游乐园

等你和你家宝宝都受不了早教课了,你可以试试亲子游乐园。你只需要花上几十块钱,就能得到一小块不需要你打扫垃圾的地方,一杯味道不怎么样的咖啡,还有一块蛋糕!

我喜欢把亲子游乐园叫作匿饼跟(匿名的饼干跟踪狂),因为游乐园里的大部分孩子都很依赖那些粉色的华夫饼干,简直就跟上了瘾一样。

总的来说,我喜欢亲子游乐园,虽然有的人会尽量避免去亲子游乐园,因为他们不喜欢被迫和陌生人讨论天气,但是我觉得和一个真人聊天总好过对着烤箱说话,所以我们还是会去。不过,它们自然也有不足之处。

饮料续杯

暴怒的李欧

莽撞的查理

僵硬的萝丝

我觉得亲子游乐园的一个最大的问题就是，总会发生很多孩子都想玩同一个玩具的情况。每次我走进门，一看见里面有 30 个狂热的粉丝守着一辆可怜的碰碰车时，我的心里就会一紧。

我相信，肯定还有像我一样的爸爸妈妈，内心总是忍不住想要在某个夜深人静的晚上，偷偷溜进游乐园，然后用某种祭祀的方法把那个玩具供奉给能保佑父母神志清醒的神灵。

还有就是你可能会遇到一个不可理喻的正能量家长，他会完全本末倒置亲子游乐园的初衷。

这绝不是亲子游乐园的目的。孩子们在游乐园里应该可以尽情地嬉戏玩耍，而爸爸妈妈们可以在旁边吐槽晚上睡得有多糟糕，或者躲在角落里捧着手机看朋友圈里别人晒的度假照片。这样每个人都会很开心（基本上）。

在亲子游乐园里，另一件流行的事情就是咬人。你如果好好想象一下，亲子游乐园和《行尸走肉》中的画面真的很像啊！

正当你以为时间停下来的时候,就会有人突然宣布"现在该整理一下了",这就意味着你只要撑过集体唱歌,就可以回家看电视了。

每个人到这时都已经变得有点目光呆滞了……

如果感到高兴你就拍拍手

哦,天哪,后面有个女人在哭,我记得她好像叫瑞秋。

你还好吗,瑞秋?

瑞秋可一点儿都不好,她真的无聊到哭了起来,强烈怀疑自己还会不会带女儿来这个该死的亲子游乐园!

别担心，瑞秋！在你还没意识到的时候，她就一下长成了青少年，然后你就会在凌晨 3 点钟盯着你的手机，祈祷她不会意外怀孕。

安全游戏室

我们家附近有几家安全游戏室，有几个环境比较好、比较新的收费 400 块钱；还有一家就在楼下街边的，有点儿旧，有点儿脏，里面的人还有点儿凶。我基本上都是去近的这家，因为我们就是这样的人。

至于你到底会有多喜欢这种游戏室，那就取决于你是哪一种爸妈了：

第一种——这种父母的孩子一般比较大，他们会坐在旁边读报纸，喝热腾腾的咖啡。

请好好管教自己的孩子

啊,我爱死谢丽尔这款发型了!

妈妈救救我,我要掉下来了!

不要踢人哦……耶,Boden(注:英国时尚品牌)在打八折!

我不想骗你们。我真希望自己属于这种爸爸妈妈，可以在朋友圈乱说话，然后偶尔大喊一下，代我的熊孩子道一个不真心的歉。

为什么游戏室里的孩子会这么野蛮呢？还有为什么这里明明都是各种坚硬的材质，还号称自己是什么安全游戏室?!

言归正传，我们还是来说说第二种父母吧。（哭一哭）我属于这种……

第二种——这种父母的孩子一般小一些，所以他们基本上会跟在孩子屁股后面，确保那些大点的孩子（他们的爸妈正忙着看报纸呢）不会一脚踢到自己孩子的头上。

老大不需要我担心，他自己会跑开了去玩，然后每隔15分钟就会跑回来跟我提这样那样的要求；但是小弟就有点儿让人失望，他完全不懂得自卫。

这里插播一个小贴士——离开家之前，你最好先吃三根士力架，还要带上那些跑马拉松的人喝的各种能量饮料，因为你等着……

敢死队滑滑梯

> 妈妈快来呀!
> 妈妈耶!
> 妈妈快点儿!
> 妈妈再高点儿!

我觉得我在敢死队滑滑梯上面的时候差点吓晕过去。幸好我家娃喷了大口果汁在我脸上,才把我救活过来。

说了不准在游乐设施上面吃东西或者喝饮料的,你这个坏蛋!

当然了,这时第一种爸爸妈妈们已经准备好了用鄙视和同情的眼光看着你试图从海洋球里爬出来,好像很有尊严的样子(有一次,我真的赢得了一块被啃过的雀巢巧克力威化饼,还有一片沾着鼻涕的湿纸巾,真是值得纪念的一天啊)。

没事，你们这些沾沾自喜的爸爸妈妈们！我已经发誓等小弟长到可以保护自己了，我一定要和你们一模一样。等到你们刚好满 40 岁的时候，再怀上一个，然后也有变成第二种父母的那一天。

公园

听到孩子们说他们要去公园的时候，当爸妈的会吓得要死。因为不管你们在那里玩了多久——3 个小时，4 个小时，还是 5 个小时！——他们总觉得你给他们缺斤少两了。

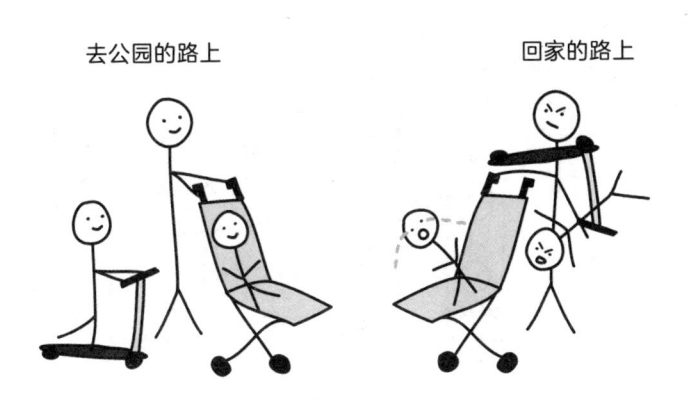

去公园的路上　　　　　　　　回家的路上

不过如果碰上特别难熬并且百无聊赖的日子，我们还是有可能在一天之内去两趟公园的。有时候，我们也能碰见别的同样去两次的爸爸妈妈们，然后我们会进行两次同样的对话。有时候感觉有点儿像是《土拨鼠之日》（注：电影讲述的是主人公在土拨鼠之日这天，人生的进度条突然停止了，他始终不断地重复过这一天），因为真的就是这样。

我们家附近的公园里，以前在低幼区那边有4个宝宝秋千，但是最近一次改造之后，只剩下两个了。孩子们在地上打滚抗议，为什么他们要等那么久才能坐上秋千。有一次，大家抗议得很厉害，每个人都喊红了脖子。

为什么现在就只有两个秋千了啊！

对啊，简直是要把我们社区毁掉了！

再高点，你这坏蛋！

但最令人伤心的是，上面这个对话我已经在过去的半年里和别人讲过237次了。我每次都很努力地想闭上嘴巴，但这些话就是会自己从我的嘴里跑出来。好像自从我当妈之后，闲谈已经变成我的自动驾驶挡了（自己戳一下自己的眼睛）。

如果你真的不喜欢这种闲谈，那么你可以试试把时间花在上网刷一下你花痴的明星。不过一定要记得躲在树后面做这件事，要不然会被旁边那些比你正经的家长们鄙视的。

居家游戏

有时候实在是出不了门，整天都被困在家里，其实也蛮温馨的。可能因为外面下雨，或者你实在找不到可以穿出门的衣服等原因。

宝宝在自己会动之前，在家里和他们玩还是比较容易的。只要把他们扔到跳跳椅（天啦，我好怀念那个又丑又占地方的塑料玩具）里，然后你就可以在旁边看《地狱厨师》的回放了。

如果是大一点的孩子，那么你们可以一起烤个蛋糕，或者做点什么小手工，然后你的房子就完全被毁掉了。

如果你想对自己再狠点儿,那么还可以上 Pinterest(注:一个图片分享网站,堪称图片版的 Twitter)上找点灵感。我上次这样做的时候,直接导致我花了整整一个小时在那里纠结,而且我家孩子每一次都会让我再也不想做手工了。

我们家孩子还喜欢在地上玩玩具车,一边嘴里发出各种嘣嘣的声音,说是嘣嘣其实是美化他们了……

真是无聊透了。

可能你觉得自己会喜欢趴在地上扮成一只和善的让人骑的老虎，趴到膝盖冒烟。

你想多了。

电子产品

我们还是把我最喜欢的放在最后讲吧，那就是电子产品。我不知道你们家是什么情况，反正我们家两个娃一看到 iPad 亮了，就会特别高兴。

没错,在平板电脑和智能手机被发明出来之前,我们也能好好地把孩子带大,就像没有陶瓷直发器以前,我们不也是好好的(不好意思我搞错了,没有它们的时候我们的头发总是卷卷的,还会留上难看的刘海)。

反对的人尽管反对吧,但是有时候你不用这个东西,你就没法在家里干点事情。你只要选个星期天的午饭时间随便挑一家酒吧,进去看看有多少当爸当妈的正在一罐一罐地喝酒,他们的孩子被绑在旁边的婴儿椅上,由那些"电子保姆"照看着,你就会搞清楚如今的中产阶级家长都是什么样子的。

关键就是把握好度。

如果你的孩子开始讲话带美国口音,或者觉得人类的另外一种说法叫作"油管族"(注:油管即YouTube,世界上最大的视频网站),那你就应该考虑减少他们看电子产品的时间了。

> 妈妈，我把我的糖纸放进 trash can（注：美式英语说垃圾箱会说 trash can，而英式英语一般说 dustbin）里去了。

> 好吧，iPad 要停上一个星期了。

上面这幅图其实不太能反映我们的真实情况，因为我们家孩子绝对不可能主动把任何东西扔到垃圾桶里去。

我只是想说，如果你大部分时间都在做我之前提到的那些亲子活动，那么你也不必因为偶尔用一用最后这个方法而感到内疚。如果你的孩子和我们家的一样，那么他们肯定会自己把控好看平板的时间，额——反正他们这样做的概率比他们不想用激光枪戳我屁股的概率要大一些。

如果你还是内疚，那么尽管去祷告好了。我本来也想这么做来着，但我实在是太忙着担心那些现实的事情了，比如天气情况，还有《绝命毒师》里面的杰西最后到底有没有活过来。

再见了，亲爱的午觉：
世界多么美好，让人争分夺秒

> 玫瑰花是红色的，
> 紫罗兰是蓝色的，
> 我决定再也不睡午觉了，
> 哈哈你完蛋了！

我曾经（是的，曾经）很喜欢我家孩子睡午觉的时光，因为我总算可以休息一下，做点让自己舒服的事情了……比如说把洗碗机里的碗拿出来，或者抽空洗洗衣服。

然而，老大不到两岁就开始白天不睡觉了，当时我还以为自己这么倒霉，碰上了正常睡眠正态分布图的末端了。等到后来小弟也是一样的时候，我才明白，根本就没有什么正态分布图！

我真是想不明白！他们到底为什么要拒绝一个这么可爱的、放松的、养精蓄锐的、舒服的、享受的（好吧，我闭嘴）午觉呢？如果你可以问他们的话……

我：所以，我在想……你为什么不愿睡午觉了呢？

小弟：我有很多事要做啊，还有很多人要见啊！你应该知道长到21个月是什么样子啊！世界多么美好，让人争分夺秒！

我：但是大多数像你这么大的孩子都睡午觉啊，你知道吗……

小弟：大多数像我这么大的孩子都很娇气啊！

我：睡午觉并不代表你弱小，午饭后稍微休息一下是很正常的。

小弟：正常才怪！

我：育儿书上说了，大多数孩子……

小弟：什么鬼育儿书？

我：会一直午睡，直到3岁！

小弟：你怎么还不明白啊？呆子才会睡午觉！

我：如果你睡一会儿午觉，你会舒服得多，你知道……

小弟：如果你可以不再唠唠叨叨说午睡说个不停，你会舒服得多！

我：我希望我自己能睡个午觉。

小弟：又来了……我就不干，你拿我怎么办？如果你再不停下来，我就把起床时间改到凌晨4点。

我：好吧好吧，我们不要太激动！只是我真的觉得你这个年纪应该……

小弟：哎呀，别废话了。我们都清楚你其实是在想什么。我睡午觉到底对谁有好处，哈？

我：我不知道你在说什么。

小弟：我发现你很紧张地抓着手里的时尚杂志，还盯着播放器看……所以你想让我睡觉，好去做自己的事情，是不是啊？

我：胡说八道，你说的好像对我来说去上个厕所都是件奢侈的事了。

小弟：不是吗？

我：好吧，是的，但是……

小弟：得了吧，你到底盘算着什么呢？上个星期的《切尔西制造》？《学徒》？指望能一次性喝掉一杯美味咖啡，而不用去微波炉加热3次？

我：我只是为你着想！

小弟：好啦，反正我是不会睡午觉的，所以你还是省省心吧。你要是敢把我放进我的小床里，我就会发疯，然后自己翻出来。你不会想再去急救中心做一次解释了吧？

我：不想。

小弟：很好。现在让我说得再清楚一些。我在托儿所睡觉，我在托儿所吃饭。我在家里不睡觉，我在家里不吃饭！明白了？

我：额，有一点，只是有一点，不知道你可不可以把它们对调一下，你可以在家里比较乖一些吗？

小弟：你觉得呢？

我：不可以？

小弟：好了，就这么定了。该去公园了——我们走吧！

我：但是外面在下雨。

小弟：我说了，该去公园了！

我：别人会奇怪地看着我们这两个在雨天去公园散步的傻瓜……

小弟：苹果电脑。打开，现在！

我：要死了。

对了，如果你本以为这一节里会有关于怎么重新让你的孩子开始午睡的建议，那你绝对是找错地方了，就这么多了。当你自己急需打个小盹儿的时候，还要努力说服另一个人睡觉，我觉得世界上再没有比这个更让人心力交瘁的了。

不过，他们会在下午 5 点 45 分睡午觉，或者当你还差 3 分钟就要开到目的地的时候在车里睡着。

伤不起的父母：孩子和工作，真的可以两全其美吗？

> 不好意思，我要迟到一会儿了，因为我家有个孩子正在……还有一个在……救救我吧！

　　作为一个妈妈，你需要做出的一个很重要的决定就是，想明白等产假结束后是否回去上班。这时候，你该怎么办？

有很多方面需要考虑——你们的经济状况怎么样？托儿所找好了吗？你的老板比较开明吗？如果孩子生病了怎么办？如果公司新发的那台手提电脑不小心被浇上了苹果汁，你的老板会理解吗？如果你冲去办公室，头发上还黏着一根芝士条，你会被骂吗？你还能做到"天马行空的创意"，把事情"安排得井井有条"，分得清"孰轻孰重"，做得到"系统性工作"吗？最关键的是——你到底还有没有心思？

毫无疑问，有了孩子之后，工作的难度肯定会加大。问题是，你到底能不能一边做那个自己心目中的理想妈妈，一边保证自己的事业蒸蒸日上？真的有可能两全其美吗？

这个话题肯定会引起很多激烈的反响，因为每一个妈妈的情况都不一样，所以也会面临不一样的挑战……

全职妈妈

我们先来讲讲那些选择待在家里陪孩子的妈妈。也许她是因为开始把孩子放在首位而放弃了自己的事业，或者本来就立志于此。这样的妈妈是在做自己想做的事情，因此这对她来说很轻松，对吗？不对。问题是，总会有人认为她其实是因为懒，没有上进心，甚至拿她来当作教育孩子要好好学习、好好工作的反面教材。每当被问起自己做什么工作时，她可能只能回答:"噢,我只是个妈妈。"没有人应该被说成"只是个"妈妈。这个女人无私而伟大,只要你敢问问她"一天都做了些什么",你就明白了。

被迫全职的妈妈

说起这种妈妈,我觉得非常揪心。她其实很有干劲,但是她想要做的工作很不灵活,没法让人机动安排时间同时照顾孩子,或者给不了足够支付育儿费用的薪水。她也很喜欢和孩子在一起的时光,但总会对这个不够支持她回去上班的社会感到失望。

全职工作的妈妈

对这种妈妈来说,事业是很重要的。她可能有时候会感到内疚,觉得自己在孩子还小的时候给他们的陪伴不够多,但是她也意识到自己不可能做一个全职妈妈。我们不用可怜这种妈妈的孩子(他们其实被照顾得很好),我们也不用去问她:"那你干吗还要孩子呢?"(她其实一样爱着他们)因为她明白,要想让孩子开心,自己也必须开心,这样对她的家庭才是最好的。

被迫工作的妈妈

我真的觉得这种妈妈其实并不是真心愿意工作,但这是她的家庭唯一能做出的选择——如果她不工作,他们家在经济上是负担不起的。她更希望自己能够待在家里做全职妈妈,或者少工作几个小时。如果你是这种情况,请你不要为自己的"选择"感到难过,放过自己吧(或者给自己买一瓶杜松子酒)。

兼职妈妈

这种妈妈简直是最完美的选择,对吗?工作和育儿之间完美的平衡。但是不幸的是,兼职妈妈并不一定意味着每天都能兼职,而且这个女人总是要非常努力地确保能在工作时间内完成当天的工作。结果就是她觉得自己让老板和家人都失望了。尽管她其实非常优秀,但是她可能会过于觉得自己受到了老板莫大的恩惠(简直就是胡扯),所以她也可能因此而觉得自己不配去和她的全职同事一样去提涨薪或升职的要求(这也是胡扯)。

创业的妈妈

自己创业的妈妈似乎占尽了好处。她为自己打工,所以可以灵活安排时间;她接送孩子上学,还可以参加他们的班级活动。但是这种妈妈的问题在于，就因为她好像应该可以随叫随到，所以她会因为自己的某次缺席而内疚得不得了。她会尽量就着孩子的时间来安排工作，然后晚上还要做很多工作，直到半夜才能爬上床；这个时候，她还会因为一想到自己的收入来源不稳定就感到压力山大。自己创业的妈妈，其实和上面的大部分妈妈一样，每天都筋疲力尽。

全职工作的爸爸

没有任何评价，还是做爸爸好！

全职爸爸

这一类型就不参加下面的测评了。不过我想说一下，全职爸爸经常会被人抨击成一个软弱无能的人，但其实他们才应该受到嘉奖，因为他们认识到并非只是作为一个男人，自己的事业就理所当然地比伴侣的事业更重要。

那么问题来了，到底哪一个才是最轻松的呢？

我做过不工作的全职妈妈，也做过兼职妈妈，现在自己创业在家工作。所以，我有很多关于它们个中利弊的第一手经验。这里面没有任何一种类型的妈妈过得轻松，尤其是当我们还不互相支持对方的时候。

当一个好妈妈最重要的事情，就是确保自己心理健康、心情愉悦，简直没有比这更重要的了。对我来说，我时常很渴望工作，渴望除了为人父母之外，还能够把我的热情投入到另外一件事上。仅仅这一个想法，就足够让我苦恼的了。

你看，要想开心，我就不能做全职妈妈。当然，我非常尊重那些不工作的全职妈妈。但是，如果想让我的孩子们能够认识和了解真实的我，那么我还必须专注于自己的梦想，而不仅仅是他们的梦想。工作带来的一个最大问题就是，我经常觉得自己好像被摊得很薄很薄，搞得什么都做不好。

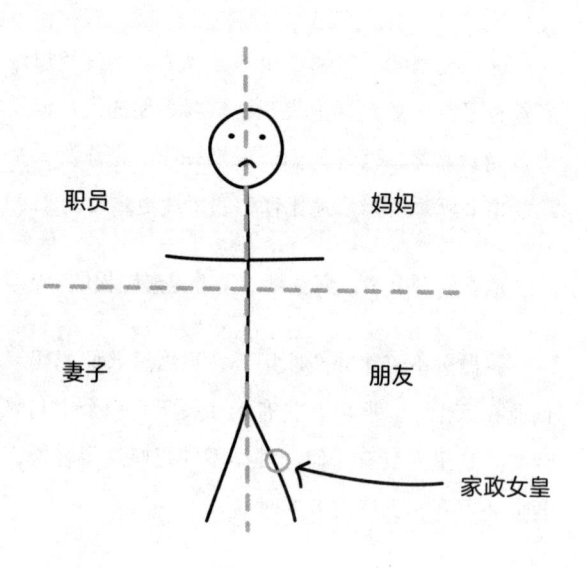

职员　　　　　　妈妈

妻子　　　　　　朋友

← 家政女皇

我不是一个完美的妈妈、妻子、朋友或职员。我的左膝上面一点的地方似乎隐藏着一个家政女皇，它很小，常常被忽视，但是却一直在低声呼唤我去做苹果派。哈！永远都别指望了。

我也经常怀疑自己是不是一个坏妈妈，因为在上班的时候，我会期待和我的孩子们分开；而当我真的和他们分开时，按说应该好好享受了，但我又总是特别想念他们。

这就是伤不起的父母——既需要自己的独立空间，又时不时地内疚和担心，不断责问自己怎么就是做不好应该做的事情。

所以，当我后来辞职在家做全职妈妈的时候，我就觉得应该好好补偿一下孩子们，力图做一个完美的妈妈。

但是也不能一直指望我这样，因为这会让我感觉像是在用砖头不停地敲自己的脑袋。我很容易对孩子们的各种不配合感到厌倦，而且受不了自己总是要极不情愿地去做一些在我看来并不好玩的事情。

我听自己重复一样的要求都听到耳朵起茧了，然而即使反复说了37遍，也还是没人听。于是，我忍不住开始大吼大叫。但是理性告诉我不应该这样，因此我又对自己特别失望。

说真的，如果有人能发明一个给孩子自动穿鞋的东西，那真是帮上大忙了！

> ……要是我叫你穿鞋的时候，你就乖乖地穿……那妈妈就不会丢了那该死的东西了！

有时候，我觉得是我们做父母的给了自己过多的压力，总是希望自己是完美的。但是父母也是人，我们不可能有无限的耐心，也不可能永远不说错话。我们得承认，我们有这么多的角色要扮演，有这么多的老板要伺候，那我们有时候就不可避免地会一团糟。

但我们还是会通过很多事情让孩子们知道，我们是他们生命里永恒的常数，而且很爱他们。不管是一起在公园里度过整个下午，还是一起在家看书打发时间，或者是下班回家后的一个拥抱。不管我们和他们待在一起的时间是长还是短，这些我们常做的事情，都可以给孩子们带来他们所需要的安全感。

事实上，有时候我觉得自己像是在到处砸盘子，左边的、右边的、中间的……

然而，每当漫长的一天结束回到家，看到 5 秒钟内就冲进我怀里的那两张可爱的小脸蛋，就足以让所有那些摔碎的盘子变得不再那么重要。

这就叫作——刚刚好。

你看，我也不是总在他们身边，而且即使我和他们在一起的时候，有时候也是个很糟糕的妈妈。当然，有时候他们的爸爸也是个糟糕的爸爸……即使是孩子们，也经常是糟糕的孩子啊！有时候，我们一家会乱作一团。但是这都没关系，因为我们深爱彼此，而爱的力量永远（至少97%的概率）会战胜一切。

所以，尽管我还没有想出一个好办法，可以让鱼和熊掌兼得（我直到现在都还常常把事情搞砸），但是我想明白了，我们所拥有的已经足够好了。

绕不开的话题：如厕训练

其实，我不是很乐意专门来写一章关于屁屁的事情（原因很明显），但是等你有了孩子就会知道，这实在是个绕不开的话题——拉屁屁，当然还有尿尿，是你生命中很重要的事情。我家两个娃对此很着迷，似乎我们根本就没有其他话题可以聊了。

此外，小弟还会叫我"臭屁妈妈"，听起来……好可爱的。还有他们现在最喜欢的消遣方式，就是把歌里面的歌词都换成人体排泄物……

"随它拉，随它拉！"

"再也忍不住啦！"

（注：两个熊孩子是在改编《冰雪奇缘》的主题曲）

改得还挺搞笑的，对吧？是的，有一点。

看他们对㞎㞎这么感兴趣，你可能会以为训练他们自己拉㞎㞎应该还蛮简单的。好吧……才不是呢！我们家两个娃没有一个对自己扔尿不湿产生过一丁点儿兴趣。我见过朋友的孩子因为很想穿好看的短裤而自己主动练习上厕所。但我家的呢？呵呵。

他们大概到两岁大的时候，我让他们认识了一下他们的小马桶，然后按照别人给我的建议，不时地问问他们是不是想要用马桶，不逼他们，等他们自己想要用。但问题是，眼看着春天和夏天都过去了，得到的回答还是："不要！"我猜也是，谁愿意放下手里正在玩的抓猫毛游戏去上厕所呢，何况这还是别人（这人是他妈）的问题。

等老大到了差不多两岁 9 个月的时候，我放弃了，决定随他去了。因为我当时还在给一个 12 周大的小婴儿喂奶。孩子们真的是精到不行……

等小弟长到差不多大的时候，我们也开始对他进行如厕训练，而他最喜欢的就是直接尿地上，然后在上面跳跳跳，就像加速版的《小猪佩奇》。

每个银（人）都喜欢尿尿池!

但他们不会自己做一个不是吗？关键是正常人都不会做的。

但我可以向你保证，你还会达到当妈的最低点，那就是当你从澡盆里掏出大便的时候，或者是发现自己正站在马桶前给一个正在努力拉臭臭的人当拉拉队。

> 你好棒啊，我们真的爱你！
> 如果你拉出来一点点，
> 我们会更爱你的！

上面这幅画展示了妈妈自从有了娃之后，变得多么没有尊严。

在我两次对孩子们进行如厕训练的过程中，武器库里储备的弹药主要就是巧克力豆——尤其在第二次的时候必须准备双份的，毕竟当你给其中一个孩子巧克力豆的时候，你怎么可能不给另外一个也来一颗呢？所以，老大对小弟的膀胱和肠胃运动产生了非常健康的兴趣。有一次，小弟在客厅的地板上拉了一坨巨大的臭臭，他的第一个问题是……

总而言之，你应该很高兴地知道，现在我们家再也用不到尿布了！等到他们长大了一点儿，变得非常钟爱巧克力豆的时候，一个好处就是他们很容易被收买。不过直到现在，他们偶尔还是会尿到自己身上，因为他们太忙着玩耍而忘记了需要控制好自己的膀胱。对了，还有擦屁股这件事。在我和爸爸都在家的时候，大哥喜欢选择把这个光荣的任务赐给谁，好像这是一个万人稀罕的奖品一样。

"好了，我要拉屁屁了，等我拉完的时候，我会选择你或者爸爸来给我擦屁股。等拉完了我就喊你们的名字，好吗？"

啊，选我吧！选我！

他们还喜欢详细地给我介绍他们拉屁屁的过程……

"就要下来了,下来了。好大一坨!妈妈我爱你!你是世界上最好的妈妈!"

真是让人感慨万千的时刻,对吗?

等拉完了,他们还要好好看看马桶里面,再描述一下它看上去像什么动物或者车子。

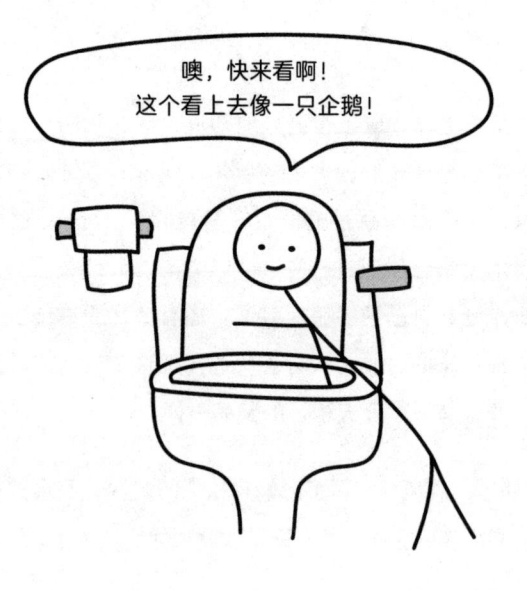

> 噢,快来看啊!
> 这个看上去像一只企鹅!

不用看了,我相信你。

从什么时候开始，上个大号都变成一个聊天的好时机了？难道这不应该是把自己关起来，趁机整理一下思绪，思考一下人生的时刻吗？我真怀念以前那段上大号不会被打扰的时光。

只是我们再也回不去了……

04
CHAPTER

家有二宝
究竟是辛苦加倍
还是幸福加倍

孩子一岁的时候真的很美好,对吧?所以你开始回想当初,觉得再生一个也是一个不错的主意。

警告:孩子们就是这么玩弄你的!

再来一个：手足之情，谁稀罕呢？

第一个孩子……

你喜欢牛油果拌红薯泥吗？

第二个孩子……

你喜欢巧克力太妃糖吗？

老大还小的时候，我记得自己会想："真是想不通到底为什么会有人想要再生一个?!"那个时候，我真的不知道人们图的是什么。

但是等他长大了一些，满了一岁，就好带多了，而且非常可爱，所以再生一个就变成一个不错的主意了。孩子一岁的时候真的很美好，对吧？而且，一岁离刚出生的日子已经非常遥远了，回头想想，你会觉得"也不是很糟糕嘛""其实还蛮好的"。

警告：孩子们就是这么玩弄你的！

总之，长话短说，人之常情，就像动物本能一样，几个月之后，我又开始在灌木丛后面干呕了。

怀第二胎的时候，我发现了一件事情，那就是我对怀孕这件事的关注度大幅下降。第一胎的时候，我把那本《关注胎儿成长 280 天》吃了个透。第二胎的时候呢？我完全没概念。

所以，当人们问一些比较复杂的问题时，情况就变得有点儿尴尬……

"哇！宝宝长得很好啊！第几周了？"

如果你还记得你是到哪个孕期了，那么算你行；如果你不记得了，那我就建议你把它当成某种水果或者蔬菜，然后给它安上各种肢体。比如说：

"是啊！长得很好，就像一个长了睫毛的牛油果，或者指甲，或者别的什么东西。"

随便吧，反正也没人真的在意，不是吗？

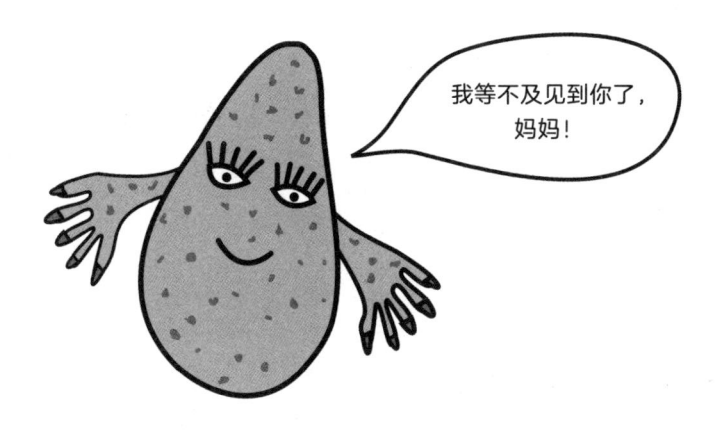

请自行把上面这张图片作为你的手机壁纸，这绝对能起到 100% 的避孕效果。因为看着它，你就不想过性生活了，再也不想了。

等你发现当初那个让你想要再生一个的可爱宝宝已经进入了噩梦般的两岁时，一切都为时已晚。

生下来以后的日子也变得很不一样……

头胎——从医院回来，你躺在沙发上美美地睡上了久违的一觉。

二胎——从医院回来，你一边满怀内疚地和你家刚走路的大宝玩无聊的《消防员山姆叔叔》的游戏，一边还要试着给你那刚出生的宝宝喂奶，还要确保自己没有打瞌睡或者精神错乱。

头胎——堆满屋子的礼物，不断来探望的亲朋好友，泛滥成灾的爱，很多给你当保姆的承诺。

二胎——人都到哪儿去了？滚动字幕：没人在乎。

头胎——整个衣柜里都塞满了全新的驼毛织成的外套——洗过、熨平、叠好的。

二胎——还留着屎印的连身衣。

头胎——每天用单反拍上97张照片，还非常认真地完成了一本《宝贝里程碑相册》。

二胎——额，朋友圈里应该有些照片吧？可能是长第一颗牙齿的时候拍的。

头胎——天哪！宝宝鼻塞了，不能呼吸了！快去急诊室。

二胎——哎呀，从床上掉下来了。没关系，抱回去就行了。

头胎——精心计划好的吃饭和睡觉时刻表。

二胎——吃饭和睡觉只能等大娃不那么烦人的时候再说吧。

头胎——精心准备的自制爱心餐。

二胎——只要把麦叔叔家薯条上的盐舔下来就可以了。

头胎——做任何事之前先消毒!

二胎——直接做!

头胎——精心选择适龄的电视节目,还要有优秀的歌曲和开发智力的故事。

二胎——另外一个在看什么就看什么吧。

头胎——宝宝在排得满满的各种早教课程和亲子活动小组里认识了很多朋友。

二胎——他自己没交上什么朋友,因为老大去哪儿就把他带去哪儿。

头胎——有点儿过头的第一个生日派对,手工制作的挂饰,西瓜做的雕像,香槟酒瀑布,真的会吐火的龙,从《花园宝宝》里请来有名的依古·比古(注:《花园宝宝》里的主人公),还有他的闺蜜唔西·迪西。

二胎——额……随便啦。

看完这些，你可能会觉得……啊，可怜的被忽视的二宝（苦脸）。但其实我想表达的并不是关于忽视，也不是关于某个变得更缺时间的爸爸或者妈妈；这其实是关于一个家长终于学会了应该怎么育儿，怎样才能防止让那些其实并不是很重要的事情把大家搞得神经兮兮。

当然，要同时照顾一个新生婴儿和一个（我们就当是自找的吧）幼儿，会让生活变得困难很多——你得推着两个人到处走，拿两份东西，照顾两个膀胱和两份非常不一样的需求。我恨不得多长几只手，多一点耐心——还有多一点儿杜松子酒！

不过大部分事情我还是能应付得过来，从一到二的过程远比从零到一要好得多。听别人说，从二到三就更容易了。不过我也只能别人说什么我就信什么，因为我完全没有要试一下的念头。直到我再看见一个小小的肉疙瘩，然后又开始……

但是现在我就养两个,我觉得这样很好。当初想要第二个的最主要原因是为了大哥。一想到可以给他生一个可爱的手足,就觉得画面好有爱,他们俩可以一起玩,互相倾诉……陪伴一生!

但是,以我的经验来看,事情总是难以照着你计划好的样子发生,我家大哥很快就决定讨厌我们家的新成员。我常看见有人在朋友圈晒出关于哥哥或者姐姐第一次看见他们的弟弟或者妹妹时的那种温馨照片——反正我们家一张也没有。最开始的那几天,我们有的几张照片都是小弟被送到大哥手边，大哥要不是正被 iPad 牢牢捆住，一定会一手把他弟弟推开的。

他们长大一点的时候，我们发现原来有的兄弟姐妹能相处融洽，互相照顾；而有的兄弟姐妹在一起时最美好的画面就是两个人完全不理对方，各自坐在房间的两头。我们就是后面这种——耶！

尽管他们现在对彼此好一些了，但是有时候我还是觉得如果让他们单独相处 5 分钟以上，就要爆发世界大战了。下面是一些他们经常会争吵的点，而我正在一旁泡茶或者晒衣服或者打重要的电话：

1. "那是我的"之类的争吵。

不管是什么东西，可能是一本从垃圾桶里拣回来的破旧不堪的儿童杂志，总之，如果曾经是其中一个的东西，然后被另外一个碰了一下，那么前一个肯定就会发了疯一般地把它抢回来。

然后等到真的拿回来了，又立马把它扔掉，因为很明显，其实一开始就不是真的想要它。

这种类型的争吵还可以被延伸为某一方如果看了一眼（倒吸一口气）另一方正在玩的东西，他就感觉受到了威胁。

> 噢，班（蝙）蝠侠！

> 妈妈，他在看我的蝙蝠侠玩具，但是他连蝙蝠侠都说不好！

2. 关于电视的争吵

包括："他都看了两集这个节目了，但是我的节目我才看了一集。""他挡在电视前面，我什么都看不见了。""他把我的节目关了，我还没看完呢。""他大喊大叫，我什么都听不见了。"等等。

即使当我终于找到了他们都喜欢看的节目,然后让他俩冷静地坐在沙发上,问题又来了……

3. 和亲密有关的争吵

如果我坐在他们中间,想让他们俩分开静静,然后他们就会把我当成一块肉似地抢来抢去……

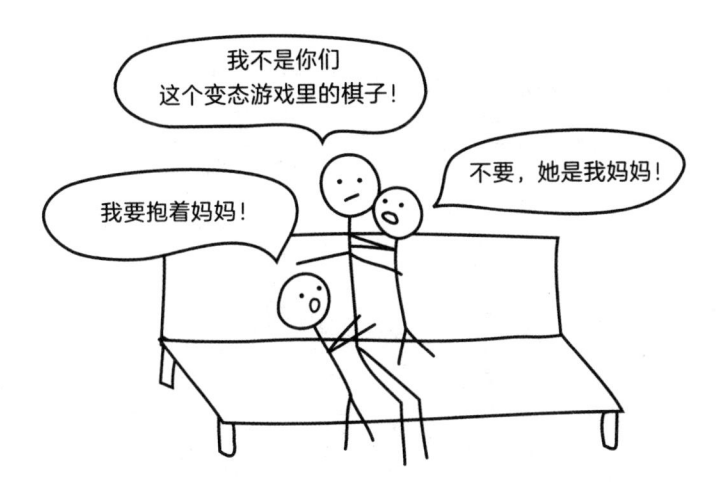

4. "我先"之类的争吵

我在避免这一类争吵的方面,已经(基本上)锻炼成了专家。对付我们家这两个,我必须像上餐服务一样——确保同时放好他们的食物、饮料和零食。

我也没什么好办法来平息关于"谁先下车"这样的风波,但是有一件事一定要做到,那就是保持公正。谁不会为了可以在人行道上多站上10秒钟这个香饽饽,而抢得面红耳赤呢?就是嘛!

(请自行忽略我家车里的卫生情况。)

5. 关于餐具的争吵

我觉得这种争吵最让人抓狂,因为每次都是我不好,但其实真的不是我的错,而是他们最爱的勺子、盘子还有其他看上去没什么区别,但对他们来说却天差地别的东西,每天都在变。

我很怀疑把他的说法作为呈堂供词是不是站得住脚……

我:我要向法庭提交证词,一份昨天的资料上面写着,被告"最喜欢的勺子"(注意:不是"啥子")是有一个橙色把手的，上面还有一个薯片的那把。那里是不是写着你的名字？旁边是不是画了一个简陋的《忍者神龟》里的拉斐尔？

大哥：噢，是的，拉夫是我最喜欢的。

我：那么我可以断定，你弟弟现在正在用的勺子并不是你最喜欢的勺子，你只是想要惹他生气！

旁听席上一阵吸气声。

我：所以我再问你一次——你最喜欢的勺子到底是这把橙色薯片勺子，还是那把黄色维尼熊勺子？！

大哥（一脸羞愧）：是橙色薯片这把。

我：我的辩词讲完了。

手足之情，谁稀罕呢？！

没完没了的夜聊：
睡觉太没意思了

☀ 白天的孩子 🌼	⭐ 晚上的孩子 🌙
认为喝水很恶心	总是忍不住口渴
直接尿在裤子里	老是想要跑厕所
只知道说臭屁	想和你探讨一下宇宙大爆炸
对泰迪熊又扔又踢	需要抱他27个好朋友上床
认为我是个白痴	爱我爱到地老天荒
经常有敢死队行为	怕死怕到不敢睡觉

大哥觉得他要是不用把生命浪费在睡觉上面就好了，因为他觉得睡觉真的是"太没意思了"。我打算等他17岁的时候，每天早上6点钟走进他的房间，在他脑袋边敲锣打鼓，

提醒一下他现在这个想法。

你或许认为自己可以享受整个哄娃睡觉的过程——这是个很特别的时刻,不是吗?讲故事,拥抱,聊聊一天发生的事情……不好意思,我基本上没享受过。对我来说,大部分时间都像是以"整死你"来结束原本就足够艰难的一天。

不过,我现在已经锻炼成了一个有经验的家长了,毕竟已经积累了 6 年的经验教训,现在我们已经养成了一种比较完美的睡觉习惯,我觉得我应该跟你们分享一下轻松的入睡方法……

1. 电视和牛奶

大概下午 6 点的时候,我们开始放慢节奏——先来一段关于应该看什么电视节目的辩论;接着是一场关于牛奶应该是奶昔,而不应该只有牛奶的讨论;然后以一场职业比赛级别的摔跤大赛收场,其中一个躺在沙发上,另外一个直接从茶几上跳到前面一个的身上。基本上一半搞笑一半眼泪,预示着一个美好的开端。

2. 一个温馨的热水澡

接下来,我们分两个步骤完成誓死不从的洗澡。

3. 刷牙

我们现在已经感觉非常放松了,所以该去刷牙了。这是我最喜欢的部分,因为我终于可以用武力制服小弟,他再疯狂反抗也没有用。

最佳刷牙姿势

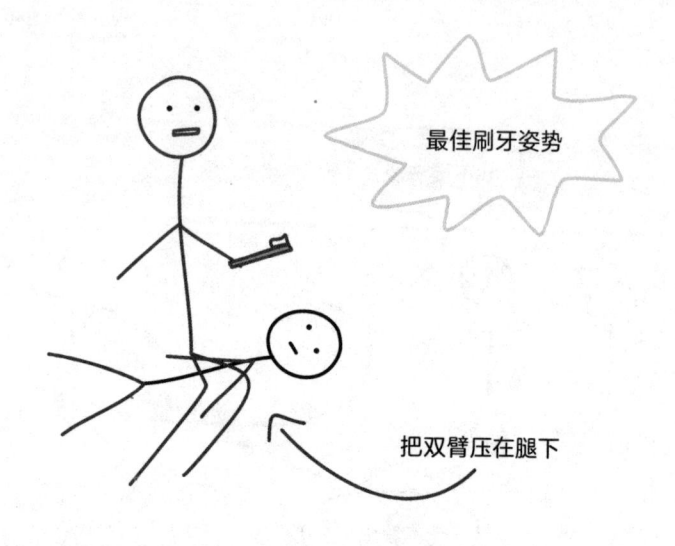

把双臂压在腿下

4. 故事时间

每个人都希望睡前能依偎在一起讲一个好故事,不是吗?

幻想中……

现实中

5. 关灯，打开话匣子

现在讲一下大哥不肯睡觉的 137 个理由。我写到这里的时候，他刚从床上爬起来拉第二次屁屁，屁屁很自然地卡在屁股里拉不出来。他宁愿坐在一个冰凉的马桶上假装自己在拉屎，都不愿意睡在被窝里。

6. 在黑暗里等上一个钟头

小弟需要我们其中一个人留在房间里陪着他直到睡着。当我说他"需要"我们留下，其实应该说是他阻止我们出去，因为只要我们把他一个人留在房间里，他就会从床上跳下来，像一只荷兰猪一样一边尖叫，一边飞奔到楼下。

不过好歹我还能躺在地上看手机上的娱乐八卦新闻，所以也不算太糟。

这一步其实才是我们的轻松入睡方法里唯一能让我真正放松的环节，或者应该说是最有希望做到的一个环节。但是很不幸的是，亲爱的杜松子酒撞击杯底的美妙声音经常被打断……

8. 继续唠叨

这里也可以说成是"我有一件非常非常重要的事情要告诉你!"

今天排队吃午饭的时候,有人放了个屁,刚好放在我手上!

关我什么事,快睡觉!

但最后他们总会认输,啊哈,这时已经是第二天早上了!不过,如果你刚好碰上可怕的刚满两岁的小幼儿,那你就别想等到他认输的那一刻了。

人们不太爱讨论这类话题,对吗?你经常会听见别人讨论婴儿的睡觉问题,然后大家就都很同情那个刚生完孩子的

175

妈妈。但是对我来说，其实婴儿时期要容易得多，因为至少婴儿不会一脚踢到你头上，也不会在凌晨 2 点 45 分的时候，要求你一边给他们准备涂好果酱的吐司，一边学猫叫。

（不过我其实从来没有在凌晨 2 点 45 分一边学猫叫一边做果酱吐司，至少我有 87% 的把握从来没有做过……）

如果你问我："你的孩子们睡得好吗？"我会说："嗯，还可以。不算很好，但是还行……你知道的，看情况。好吧，其实大部分情况下都不太好。"

如果他们两个人都能一觉睡到早上6点钟，那真是一场大胜仗。我已经不记得上一次出现这种盛况是什么时候的事情了。现在我们最大的问题就是，小弟总喜欢半夜出现在我们的房间里，然后把我们吓个半死（虽然说是我们，但其实杰是个很幸福的深度睡眠者，所以他基本上毫无知觉）。

我知道我们应该多尝试教他睡自己的床，静静地迅速地把他抱回自己的房间去，要坚持原则……噢，可那太麻烦了，我每次都直接选择最快捷的办法解决。

言归正传，本来最理想的就是让他睡在我们床上，然后他很快就会睡着。这也是有的，只是偶尔会发生。

不幸的是，我们还是会遇上另外一个不那么受欢迎的版本。比如说，有时候他变成了一个小话痨……

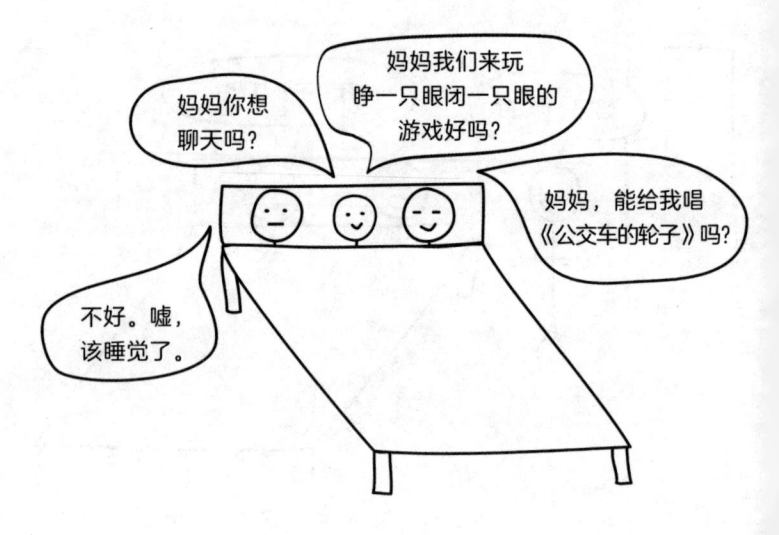

有时候，他还会变成一个进攻的小战士，可以花 30 分钟不停地戳我刺我……

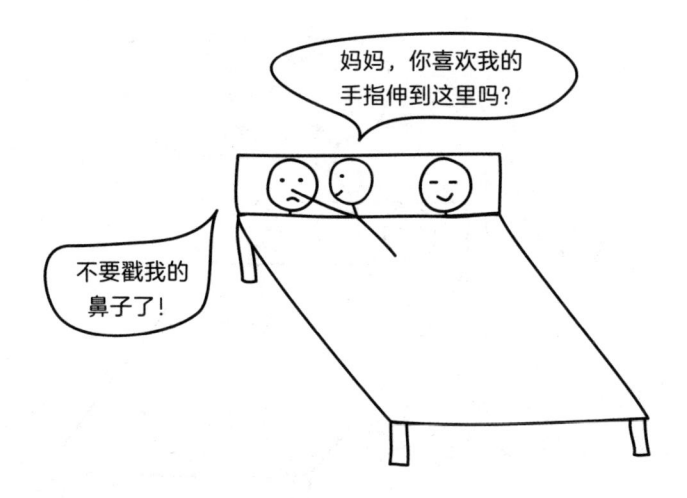

> 妈妈，你喜欢我的手指伸到这里吗？

> 不要戳我的鼻子了！

还有可爱小孩的版本,这个版本的他变得很会使勾魂术(他还不会发"爱"这个音,所以就说成"阿",我的心都快融化了)……

我阿(爱)你!
我曾(真)的曾(真)的
很阿(爱)你!

你有没有注意到，爸爸一直没有醒？用不了多久了！

我可以跳到月亮上去！

你确定他没有嗑药吗？

他还经常扮成饥饿版小孩,突然要求吃那个他在吃晚饭的时候完全不愿意尝一口的饭……

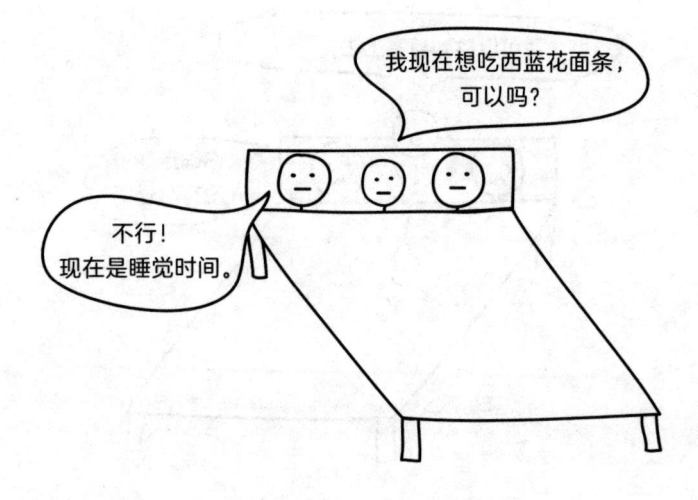

我现在想吃西蓝花面条,可以吗?

不行!
现在是睡觉时间。

以上这些版本还是要好过对付一个愤怒版的小孩。没有人能确定这个愤怒的小孩到底在愤怒什么，就连愤怒的小孩自己也不知道。他反正就是要随便挑一个无厘头的理由开始发飙，然后开始跑起来（一边跑一边把所有人的被子都掀开）……

> 我想穿着我的黄色小雨鞋睡觉！

他心里非常清楚，他根本就没有什么黄色小雨鞋！

更倒霉的时候,我们会碰上那个又饿又愤怒版本的小孩,那是前两个版本的可怕结合体,反正基本上就意味着我们完蛋了……

大部分情况下,这个又饿又愤怒的小孩会发展成"我要把每个人都揍一顿,直到某个人把他的床让出来为止……"

不管了,我要去旁边那个房间睡觉!

不过，其实我还是把最厉害的留在了最后。没有任何事、任何人、任何黑夜恶魔能比那个"我觉得已经到白天了"的版本更吓人了，想想都不寒而栗……

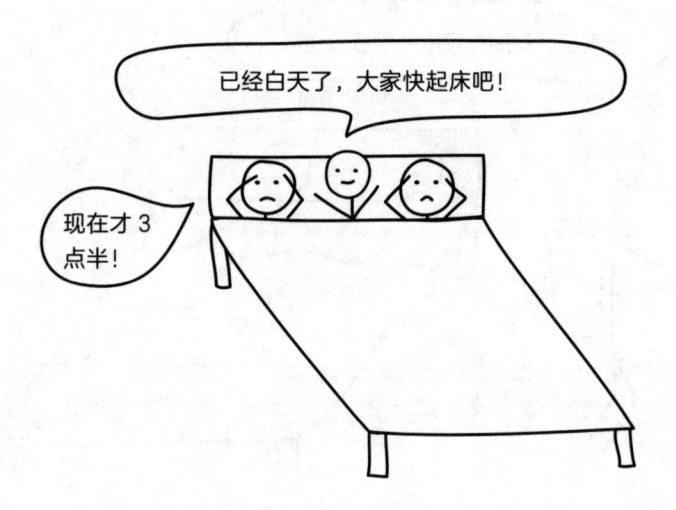

不过，好消息就是大部分情况下我们还是能让那个小家伙继续睡他的觉，但是基本上这时已经到了早上 5 点 35 分了。就在我正要眯上眼睛的时候，我突然想起来——该死，我们还有一个娃喜欢赶在天快亮的时候起床……

附言

是的，我们有一个格罗幼儿睡眠训练时钟，然而那并没有什么用。他们认为要这样干等着太阳图案变出来实在是太无聊了，所以就直接把它的电源拔掉了。不过说实话，不管是谁像这样拒绝屈服于一个长着一张傻乎乎笑脸的电子设备，我都该给他点赞。

缺觉的七个阶段：
怎样熬过新的一天

我要喝哪个杯型的咖啡呢？

中杯 —— 有一点儿累

大杯 —— 非常累

超大杯 —— 我知道我有张脸，但是我感觉不到它

特大杯 —— 我是不是已经死了

所以，我们已经讲过不少关于睡觉的话题了，对吗？反正这对有孩子的人来说，真的是个很重大的话题，所以干吗不多讲点呢？不过最大的问题其实是你的睡眠情况，以及怎么去应付（或者干脆放弃）太缺觉的问题。

即使你的孩子是个"天使宝宝"（真心嫉妒你），你也应该会有哪怕一丁点儿共鸣，因为有几个晚上，我真的是完全没闭过一下眼睛，因为我的两个孩子同时感染了可怕的诺如病毒。

总而言之，我还是分享一下关于怎么在严重缺觉的情况下撑过第二天的一点经验吧！其实这就是一长串的抱怨，但是不管怎样，还是看看吧……

1. 惊吓

黑暗中，你正裹在暖和的被子里，梦见自己是一个世界级的体操运动员，然后突然一个小孩子贴到你脸上来，要你给他拿芝士条、牛奶，还有一个你已经几个月没见着的玩具。"快回去睡觉，"你说，"大半夜的！"但是当你伸手去拿手机，想确认一下这场无厘头的闹剧发生在几点，哪知道你一看，竟然已经是早上了，或者说起码是某个版本的早晨，反正不会特别好……

2. 切换频道

希望你已经练就了一个绝招，那就是可以在睡着的状态下完美地在他们喜欢的节目之间换来换去，这样才能把引起抗议的风险降到最低。但如果那个废话连篇的《云彩宝宝》开播了，那我们大家就都完蛋了。

3. 否认

鬼才需要睡觉！去安全游戏室吧——你一定能做到!

4. 坦然接受

臣妾真的做不到！见鬼去吧，安全游戏室!

5. 自我治疗

喝杯咖啡，来点儿杜松子酒，要不试试咖啡加杜松子酒？然后把嘴里塞满软糖，直到你觉得自己真的病了。

6. 遗忘

一切看起来都很吓人，你怎么能让自己的眼睛在《凯特与咪咪兔》上停留 5 秒钟以上呢，那只硕大的紫色兔子可不是你的什么朋友。

7. 愤怒

你就要胜利了，然后开始有点儿为自己感到骄傲，直到无法避免的电话铃声准时在下午 5 点 45 分响起……

8. 第二春

还记得你有多么渴望能躺在沙发上昏死过去吗？现在孩子们终于都上床了，然后呢？你开始觉得无比亢奋！终于有整个晚上想干吗就干吗了，那怎么能去睡觉呢——你应该待在客厅的沙发上，边看电视边玩电脑，或者……额，都可以边看电视边玩电脑了，干吗还要去想别的事情呢？

晚上7点47分——一边刷朋友圈，一边找找可以放在洗碗机里的放刀具的篮子。

晚上8点23分——一边吃意面，一边看《东区人》。

晚上10点01分——啊，百货公司全场七折，今天就截止了……

晚上 11 点 17 分——在房地产网站上看看我理想中的房子。

晚上 11 点 59 分——在谷歌上快快查一下牙齿美白的方法，然后就去睡觉。

9. 失眠……

《切尔西制造》是不是也有剧本？

我是不是还想尿尿？

我的彩笔就要用完了。

一定要记得付水费！

明天要收垃圾了。

嗯，詹米·多南（注：《五十度灰》男主）

有谁恨我吗？

意识逐渐模糊，然后重来一遍。

是的，我知道我写了 9 个阶段，而不是 7 个，但是我连觉都没有睡，你就别指望我还能数数了。

水痘日志：
一切都会好起来

生病的孩子真是让人很纠结。一方面，你看着那个病恹恹的孩子可怜兮兮地躺在沙发上，很想抱抱他，抚摩他的额头，希望自己能把所有的病痛带走；但是另一方面，你又想把他们拽起来，给他们穿上鞋子，然后说："能不能别这么麻烦！"

噢，拜托，我真的看到有家长在托儿所门外偷偷地给他们的孩子喂阿司匹林，然后再把孩子推进教室。其实，都是因为孩子好像专门挑那些你有重要截稿日期要赶的日子，或者是千载难逢的一个可以不用自己带娃，能够安静一下的日子来生病，不是吗？而且，如果每次只要孩子打个喷嚏你就让他待在家里，那托儿所里就一个孩子都不会有了。其实，我一直都很佩服老师们是怎么区别每一个小孩的，他们每个人看上去都是糊了一脸的鼻涕。

但是，可怕的水痘是怎么也避免不了的。如果脸上长出小红包的话，那就真的不能去上托儿所了。更糟糕的是……

还必须把他们隔离起来。我写了很多日志来记录我们是怎么度过可怕的水痘期的,现在来和你们分享一下……

第一天

杰发来的信息

（注：水痘的英文是 chickenpox，即鸡痘）

（我们有时候只用表情符号发信息，一个字也不写，因为这样真的很好玩。）

言归正传，原来他想说小弟得了水痘，起码也是轻度的。我正在伦敦见朋友呢，不关我的事。

第二天

我才不在乎，我还在伦敦。

第三天——字幕：合不上眼的一天。

回到家了，小弟看上去还行，直到晚上睡觉的时候，他突然决定就是不睡觉，而要像一只野兽一样到处乱窜。

唯一能让他安静下来的，就是《消防员山姆叔叔》。你猜一个幼儿能熬夜多久在那里看连续剧？

我也感到很意外。

凌晨4点04分

> 随时随地，灭火救人！

第四天

我们都感觉有点摇摇晃晃，很不舒服，主要是因为缺觉，还有看了太多达利、特维和消防员斯蒂尔之间的三角恋故事。

为了让孩子晚上能不再这么折腾，杰跑到药店，准备让店员给他一点好东西。

第五天

这些药真的起作用了——我们美美地睡了 7 个小时！我好久没睡过那么久了，都觉得有点儿不习惯……

幸运的是，小弟好了很多。虽然他想出去玩，但是还不能出去，因为他的病有传染性。我时不时地扔给他一块黏土、一块巧克力或者一颗阿司匹林，还要尽量避免让火车轨道把后脑勺给敲裂了。

我真的没法选择我到底是喜欢生病的他还是没生病的他，还是来一杯杜松子酒吧！

第六天

无聊的一天。

那天我把大部分时间都花在研究结痂的进展情况，还有努力阻止小弟去挠它们。

我还发现了另外一件有趣的事，就是在最后一个月里算一下给托儿所交了多少钱，再对比一下孩子到底去上了几天课，然后就能算出每天上课到底花了多少钱。

我们那3个月每天的费用是136.05英镑（注：约等于1194元），真是要吐血了。

第七天

我快无聊得受不了了，急需和人讲话，感觉自己就快要变成那种把谷歌当成一个活人来问问题的死宅了。

谷歌——托儿所会不会在它们的秘密通道里藏着一瓶瓶有传染性的病菌，这样他们就可以利益最大化了？你喜欢我的新运动鞋吗？你中午准备吃什么？

第八天

它们终于完全结痂啦！准备送小弟回托儿所，很担心那群狡猾的坏蛋不肯让他进去。

还好，那天他们似乎刚好已经完成了请病假的指标。

送完他以后，我想在一天内赶完一周落下的工作进度，结果失败了。

第九天

耶,我们终于又可以出去晃悠了,真是太好了(大部分情况下)。

第十天

每个人都恢复过来了,除了我。我有一种被压得喘不过气的感觉,因为还有好多事情都来不及做。

每次我累了或者压力太大的时候,一点小事就能把我惹哭。比如说,罐子里只剩一盒雀巢胶囊咖啡了。

其实，这还真不是一件小事。

有了咖啡，我就能勇敢地去面对生活里的大部分事情。

然后我忽然想起来……

我们是亚马孙会员！

我就知道，一切都会好起来的……

我当时真是傻透了,因为一个星期之后,大哥也感染了,然后我们把所有的痛苦又经历了一遍。但是不管是病痛也好,耳朵感染也好,咳嗽也好,感冒也好,都赶不上自己生病了还要照顾健康的孩子。

问题是,小孩子才不管你有多痛苦。这也不能怪他们——谁叫我们生来如此。慢慢他们就会明白,如果他们想被接纳,被喜欢,就必须考虑别人的感受。但是我敢打赌,很多大人如果不是因为害怕没有朋友,那他们肯定还是照样100%以自我为中心。我讨厌和别人分享我的薯片,但是我还是会这样做,因为我不想别人看低我。(等我很老了,我会重新自私起来,因为都要死了,还管得了谁啊。)

即使这样，我还是会叮嘱我家孩子在我生病的时候要对我好一些，温柔一些，不过基本上没有任何作用，因为他们根本就不在乎……

你们可以轻一点吗？妈妈头痛。
不行。
你可以不要在我身上跳吗？我觉得我快要吐了……
不行。
你可以帮我倒一杯水吗？我觉得很虚弱，又很缺水……
不行。

我觉得我快要死掉了。要是我真的死在了地上，他们只会等到发现零食怎么半天不上来的时候，才会觉得有一点儿不方便吧……

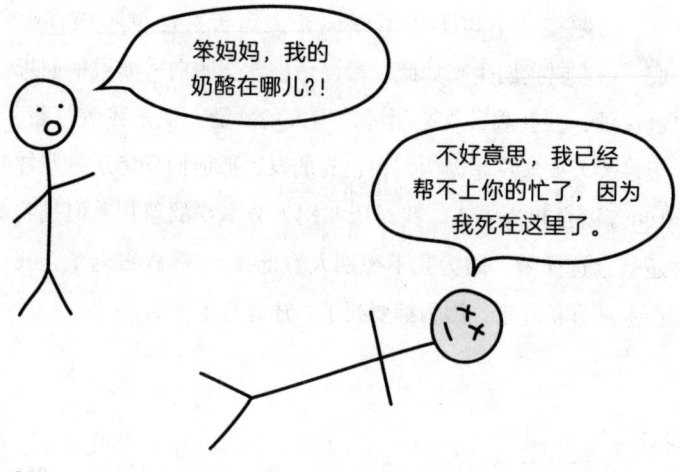

笨妈妈，我的奶酪在哪儿？！

不好意思，我已经帮不上你的忙了，因为我死在这里了。

生孩子之后，我还是我

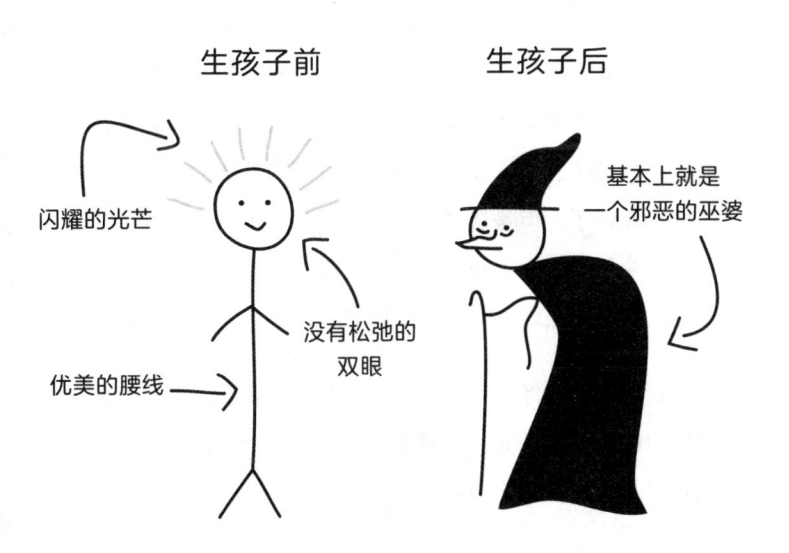

生孩子前　　　　　生孩子后

闪耀的光芒

没有松弛的双眼

优美的腰线

基本上就是一个邪恶的巫婆

救命啊，我去哪儿了?!不久之前，我还很确定自己才25岁，但是看了一眼镜子，发现里面竟然不是我的脸，而是一个老得多的女人，真的老很多！我现在出现了皱纹，一个再也别指望会消失的怨妇的表情，而且还很痛苦（就和我每次弯腰的时候背上的疼痛感一样）。

孩子把我催老了，原因显而易见。任何一条美容秘诀都会告诉你，除了要用贵得离谱的脸霜外，你还需要睡眠、足够的水分以及遵循当下流行的食谱，这样才能永葆青春。总是烦心、缺觉、一罐一罐的白苏维翁酒，还有吃被丢在地上的炸鱼条，只能起到相反的效果。

我看着自己的身体——怀过两个宝宝的肚子，被奶水撑得满满的乳房被喝空后又瘪了下去，然后就再也没有恢复到原来的样子了，还有几年下来粗壮到畸形的大腿。我做的指甲已经坏掉了，但是估计还会继续保持这个样子一阵子，起码要一个星期之后，我才会想起来把它洗掉。而我唯一还在用的化妆品就是遮瑕膏，用来稍微遮掩一下我的黑眼圈。

我正穿着我经常穿的衣服，那就是一条紧身牛仔裤和一件简单的T恤。我看上去既不时髦，也不老土。我猜我看上去就只是一个普通的妈妈……

但是，还是有人告诉我，这样还不够好，我正在逐渐失去自我，正在变成一个"宝妈"，我需要帮助！不知道只有我这样觉得，还是也有人和我一样，每次读到杂志上关于怎样让自己看上去不像个"宝妈"的文章，就想朝着深渊里大喊。你瞧，我们其实经常被各种差不多的媒体信息轰炸得体无完肤，或者经常被认为当妈真不是一件让人赏心悦目的事情。但是我真的想知道,到底从什么时候开始,当妈变成一件丢人的事了?

> 哎呀,我的妈呀,我看起来像个妈妈!

看起来,我们好像应该赶快消除身体上发生的神奇变化,尽一切可能尽快恢复到能穿比基尼的身材。我们要避免穿那些"妈咪装"(现在真的有妈咪装这一说,其实就是一件条纹上衣、一件派克外套、一双匡威鞋,而且刚好就和每个正常人穿的一样,但是反正穿在妈妈身上就会被歧视)。而且我们应该找点新的兴趣爱好,不要张口闭口都是在聊我们的孩子——去学一门外语;训练成为一名瑜伽教练;学习装饰蛋糕——选择多多啊!

那爸爸们呢？尽管他们也经常处于同样的困境，为什么他们就没有那么多压力逼着他们避免自己变成一个"宝爸"，避免穿上他们的"宝爸装"显得自己很"爸爸"呢？哦，对了，那是因为这世界就是这么性别歧视，总是把这些东西安在女性身上，试图让她们相信自己非要把钱花在一堆她们根本不需要的东西上面才会感觉自己更有价值。

也许其实这样才能让我们
感觉自己更有价值……

"可能上一套觉知力的课程会对你有所帮助。"一位顶着一头闪闪发亮的头发，看上去很轻松的育儿专家这样建议。

不要，什么觉知力，给我滚开！

不可否认，我的确没有以前看上去那么精力充沛了，我也不再有很多让人激动的新闻可以分享了。但是拜托，你们这些头发闪亮的育儿专家，知不知道我现在有一个很严重的问题，不好意思，我要吼出来……

我实在没有什么时间留给自己啊！

是的——对于普通的妈妈（或者爸爸）来说，时间根本就不够用。对我来说，缺少"自己的时间"绝对是最难适应的一个事实。你会看见很多关于育儿的建议……

记得一定要给自己保留一点时间——如果你不好好照顾自己的话，你就照顾不好任何人。

这还真不是一条糟糕的建议，其实应该说是一条很棒的建议。但是我想知道，到底怎样才能给自己保留一点时间呢？因为据我所知，时间要么有要么没有。大部分情况下是根本就没有时间，就连杰米·奥利弗（注：英国名厨）也没有办法把它做出来。

所以得了吧,我要上哪里去找这个神龙见首不见尾的"自己的时间"?

白天的时候,我要不就是在工作,要不就是要保证两个小孩子能好好地活着,所以就别想了。那么晚上呢?把两个孩子都弄上床之后,我要做的第一件事情就是收拾,我这里说的收拾可不是什么好玩的事情,比如说重新整理一下他们从来不会玩的玩具厨房,还有在煎锅里摆好用木头做的早饭。难道这就是他们说的"自己的时间"吗?

也许"自己的时间"是我终于可以倒在沙发上,看20分钟的乐高蝙蝠侠大电影。其实我已经看过137次了,我终于意识到这一点,然后才把那该死的节目关掉。

现在已经9点了,那做晚饭算是"自己的时间"吗?吃晚饭算是"自己的时间"吗?洗澡呢?一边看《我要买房子》(注:一档介绍房产的节目),一边报税算不算?还有,终于可以瘫在床上睡5个小时算不算呢?

我怀疑……是不是有其他的爸妈能够幸运地找到它。

贝凯（41岁）：前几天，我终于在没有人缠在腿上的情况下洗了一次碗，这让我开心了一整个星期。

露西（33岁）：我喜欢在《每日邮报》上面看别人的毒舌评论，然后假装我是在看《小丑先生》（注：一部儿童剧）。

露易丝（29岁）：我去医院拔智齿的时候终于可以看一下时尚杂志，还喝了一整盒草莓酸奶，真是太棒了。

戴维（37岁）：只要能让我安安静静地上完一次厕所，我就心满意足了。

看来，我不是一个人。

我的幸福时刻是在某个周末好好地泡一个热水澡。但是它经常都会演变成一个或者两个孩子都跳进来和我一起洗，然后得之不易的"宁静"就消失不见了，因为我发现自己被困在了一个关于为什么我没有小鸡鸡的对话里……

杂志可能想让我们以为只要把我们送去沙滩,晒一个昂贵的日光浴,就能解决所有的问题。亲爱的,快看看那个可怜的被压迫的妈妈,总是没有足够的时间过自己的生活,太惨了,快来给她修一次指甲,让她泡个温泉,然后再把她送回她那个蹩脚的生活里去。

不要误会,我可不会拒绝去做个美容。我只是不喜欢非要分清楚什么是"自己的时间",好像这是个多么高大上的东西一样。再说了,反正我在有压力的时候本来就不可能放松……

保持自我的方法不是和我们的孩子切断联系，自我也不仅仅是关于我在做什么或者我看上去像什么。我当然知道孩子们很烦人，但是相信我，我还是爱他们的！

当你的孩子还小的时候，你就是不可能拥有很多"自己的时间"，接受事实吧！我们现在拥有的就是"我们的时间"，因为我们和孩子是一伙儿的，分不开的。这没关系，因为我喜欢当一个妈妈，而且我绝不会因为别人把我归类为妈妈而感到尴尬。

所以我真正想说的是，你爱怎么穿就怎么穿吧，不管看上去像个"宝妈"，还是像一个超模，只要你喜欢。如果你能攒出时间或者脑细胞，你也可以去上个古代象形文字的夜校，或者去健身房，它能让你自我感觉更好。

好好珍惜那些你挤出来的零零碎碎的自由时间,如果没有也不要焦虑。你迟早会有的,只是现在必须见机行事……

街边超市

为人父母:一个人出去买牛奶的时候,感觉就像是去做水疗放松!

05
CHAPTER

家人就是最好的朋友

有了孩子之后,生活变得充满挑战。无论是带他们一起外出度假,或者出门拜访朋友……我们仿佛经历了各种不同的人生。然而当你回想起来,嘴角却总是不自觉地挂着微笑,这就是所谓的"玫瑰色回忆"。无论如何,我爱我的孩子们。

度假：
我们要去度日如年喽

带娃度假：在不同的地方生气、发火、丧失理智。

"莎拉带娃度假花了两万块，
还把理智给弄丢了。"

我也不是说有了孩子之后就别想过一个开心的假期了，只是觉得有了他们之后就会……额，开心少一点？有时候我在想如果还要打包，那到底还要不要去度假呢？

要知道，我以前是很喜欢为出行做准备的，但是现在的出行准备已经不再是认真挑选一款完美的防晒霜，而是变成了在网上抢购小孩子的洞洞鞋。所以我好好想了想，到底有孩子的假期和没孩子的假期之间有什么区别……

1. 计划和准备

寻找目的地

没孩子的时候：找那种有很棒的酒吧、餐厅和文化氛围浓厚的地方。

有了孩子之后：就去以前你订过的、"适合亲子"的而且正好还有无线网络的地方，接下来再看看它附近的急救室在哪里。

游玩内容

没孩子的时候：下载一些新上榜的音乐，然后在亚马孙上买3本书，准备在泳池边好好放松放松。

有了孩子之后：把iPad往死里塞，装上满满一堆不知道什么乱七八糟的东西。不要浪费时间去为自己考虑了，因为到时候你唯一的消遣就是保证你家孩子不被淹死。

放松一下

没孩子的时候：出发的前一个晚上好好地做个美容，泡个热水澡，刮一下腿毛，给脚指甲涂上指甲油，喷上美黑喷剂，放松一下。

有了孩子之后：出发的前一个晚上还在为到底谁应该负责订机场停车位（反正不是我！）而大吵一架，然后怒气冲冲地剪脚指甲，用一把迟钝的剃刀刮腿毛。

打包

没孩子的时候：挑好白天和晚上穿的衣服，带上两倍能够穿的衣服，还有很多双各种高度的鞋。

有了孩子之后：起码要塞满整整一箱的尿布，防晒指数50+的防晒霜，还有退热糖浆。剩下的空间要塞孩子们的备用衣服，充气的东西，用塑料做的沙滩玩具，遮光的百叶窗，特殊的被子，还有26个绝对不能被忘记的超重要的玩具。然后再随便往箱子里塞上3件在超市里买的50块钱一件的裙子；穿了5年的比基尼；还有万能的白天晚上通用的人字拖。一边强忍着不爆发，一边不时地咕哝一句："真是花钱买罪受！"

去机场

没孩子的时候：去机场的一路都会兴奋地坐在车里聊天，到机场之后觉得很好，很期待即将开始的旅行。

有了孩子之后：哭；除了威胁之外就不开口说话；隔一会儿就丢几块糖给你那坐在后排的、疲劳过度的孩子，谁叫他们非得在你们必须早上 5 点钟就出发的当天都睡到 5 点不起来。到了机场，想离婚的心都有了，还不得不扛着让人出尽洋相的孩子、行李、安全座椅、婴儿车，看上去就像是一只该死的骆驼。幸好在机场的 24 小时里随时都可以喝酒，没人管，这样就可以就着麦当劳的早餐好好喝上一杯了。

2. 旅行

带孩子坐飞机就像是飞机里出现了很多蛇一样,只不过蛇都没有他们可怕。不幸的是,出去度假必须得人在那儿,所以就很有可能不得不坐飞机。4个小时的飞行时间已经是我的极限了,我真佩服那些飞得更远的人。

上次我们带着孩子出去度假的时候,是靠抛硬币来决定谁和大哥坐在一起,谁和小弟坐在一起。你知道吗?和一个5岁的孩子一起坐飞机竟然还蛮好的。看见他激动的样子,对世界满怀期待的样子,真是当爸妈最开心的时刻之一,即使他们最后会让你觉得自己很蠢……

妈妈,好开心啊!飞机是怎么飞起来的呢?

额,应该是和气压还有速度有关……它们有翅膀啊!

相比之下，和一个幼儿一起坐飞机就……很有趣了！哦，不对，不好意思，其实很糟糕。

> 我不喜欢系安全带。

> 不好意思女士，飞机起飞前，每位乘客都必须系好安全带。

我更愿意去回答那些很复杂的问题……

> 哇，妈妈，快看这些说明……你可以从一个充气滑梯上面滑到飞机外面去！！

> 嗯，那个只是……额，在特殊情况下……

……总好过坐在一个只想做下面三种烦人的事情的娃旁边。

> 我就要卡（开）窗户！

> 我就要啊（按）按钮！

> 我就要啪（拍）小桌板！

很不幸的是，机组人员也不太喜欢被一个就是不停地想吃树莓的孩子一遍又一遍地叫过来；旁边的乘客也不太喜欢被打开遮光板的窗户照得头疼，或者是后背传来一阵阵敲桌板的震动声。

真的让人好为难，如果他可以做他喜欢的事情的话，他就很开心；如果不让他做，他就会很不开心地吵闹起来。所以不管怎么样都是一个双输的局面，因为每个人都希望他乖乖地坐在自己的位子上，不要碰任何东西，但这似乎永远都不可能做到。

所以我们一路上简直是经历了各种不同的人生——有最美好的亲子时刻，有最糟糕的育儿方式，还有一群倒霉的看上去一脸生无可恋的乘客。

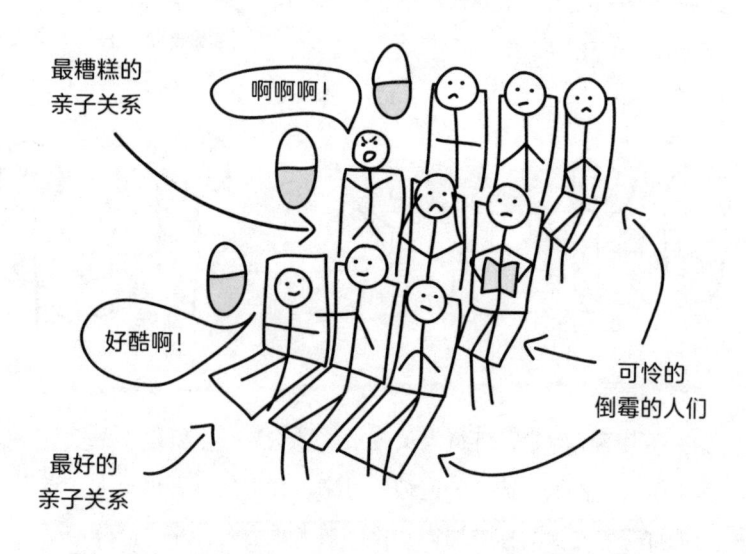

飞机上坐在我们周围的还有一些其他带孩子的家长，本来你会觉得这应该是件好事。我们有几次试着和他们交换一下那种"啊，熊孩子"的眼神，但是我发现如果他们的孩子比我们家的孩子乖的话，那么他们那种理解的眼神里同时还会蕴藏着一丝沾沾自喜。不过话说回来，如果我们家的孩子比别人家的孩子要表现得好一些，那我也会有同样的感觉。

总之，再这样下去真的要把人给逼疯了，直到空姐推来装满零食和酒水的小推车……

> 您好，女士，请问您需要来点儿什么吗？

> 是的，所有零食和小酒瓶我都包了，谢谢！

噢，易捷航空，我好爱你！

你看，他现在有的忙了！他可以把芝士涂在椅子上，把我们买来的完全不知道干吗用的书浸在菠萝汁里，用尖得可以戳死人的彩色铅笔戳我们的腿，用手指把巧克力榛果酱舀出来，然后双手抹在每个人的头发上，还有不厌其烦地用头撞我。

但是孩子你玩吧,把自己的精力消耗干净吧!爱干吗干吗,只要你能(稍微)安静地玩,别打扰我喝我的小杯气泡酒就行。

3.终于轮到度假了

飞机着陆后（我已经强迫自己绝对不选择转机），假期就正式开始了！不过，前提是你已经测试好无线网络可以用，如果你家孩子不能上网看网红直播她打开各种健达惊喜蛋，那这个假期就算是毁了。

接下来就是去泳池了！没有孩子之前，我最爱的度假方式就是和我的朋友简一起去加勒比，真是要什么有什么。我们打发时间的方式基本上就是在池畔的酒吧里浏览鸡尾酒酒单，来两杯自由古巴、两杯香蕉妈妈，还有两杯可可机车（注：各种鸡尾酒）！都是我喝的哦，而且还都是早餐时间。天哪，想起来那时候可真疯狂！

有了孩子之后，你就只能在泳池边不停地去抓你家那两个总是要往水里跳的孩子（他们怎么不会累），还有就是争论到底该谁去清理沾了屎的游泳尿布（太绝望了）。

午饭当然也不会吃当地的特色菜加一瓶啤酒，而是只要哪里卖炸鸡块就去哪里吃。晚上的娱乐项目——去看一场难看的亲子秀，其间还会强迫你参加某种和一只大狗或者泰迪熊或者猴子之类的东西一起跳舞的迪斯科大赛，而且你还会输掉。或者如果你蠢到订了一间家庭房的话，你可以坐在卫生间里用装牙刷的盒子盛点红酒喝，耐心地等着孩子们玩到累趴下。

不过，我的确有一个绝招，让你可以带着孩子度一个放松的假，那就是你必须得承认你们根本就不是来放松的，而且还要意识到如果没有孩子们不停地爬到我们的气垫上来，那度假其实会很空虚。

当然了，度假可能会让人很累，但是从我那两个孩子的脸蛋上来看，他们还是很开心的，就凭这点，对我来说就足够了。

（如果你还是觉得不够，那我再送你 5 个字——儿童俱乐部。）

等我们回到家,坐在一起看假期里拍的照片,发现照片里面我们的脸上总是挂着微笑,甚至大笑。别人问我们旅途愉快吗,我们才不会告诉他们在35℃的炎炎烈日下,我们家孩子是怎么为了一个充气鲸鱼而吵得不可开交的,我们会说"很好玩"以及"是的,非常好,谢谢",这就是所谓的"玫瑰色回忆"(注:一种认知偏差的专业术语),这对旅行社来说可是很重要的,而且也是为什么人们会决定再生一个孩子的原因。

夜生活：
假装忘记自己是个妈妈

以前的夜生活

自己一个人

巨无霸汉堡

无聊的电视剧

现在的夜生活

噪音

要洗的衣服

儿童节目

我原先真的很喜欢过夜生活！曾经有段时间，保安好像根本不注意，直接就让 16 岁的孩子出入酒吧，我从那个时候就开始我的泡吧生涯了。如果他们问我的年纪，我就拿出一张我姐姐的出生证明，或者一张假得不行的身份证，朝他们一晃就完事了。当我问我爸妈为什么他们在我还在上学的时候就允许我出去时，他们说："反正你都会去的呀！"

夜生活一般都是从我家开始，因为我住的地方离城最近，而且我爸妈不介意有一堆吵闹的女孩子在家里一遍又一遍地放着流行歌曲。我们会就着可乐喝掉半罐子的伏特加，然后在大冬天里直接穿着短短的上衣、迷你裙和走起路来左摇右摆的高跟鞋，就这样出门了。"美丽冻人"说的就是我们（虽然现在回忆起来，其实我们当时看上去丑死人了），下点雪算什么呢，对吧？

我有很多关于醉酒的搞笑（悲惨）故事，光这些可能就可以出本书了，书名就叫《喝杜松子酒的时光——还没生娃的那些年》，但还是算了。总之，在大部分情况下，我们里面总会有一个人在还没有去酒吧之前就已经开始吐起来了。太不靠谱了，对吗？但也许这就是成长的必经过程。

最棒的一个晚上!

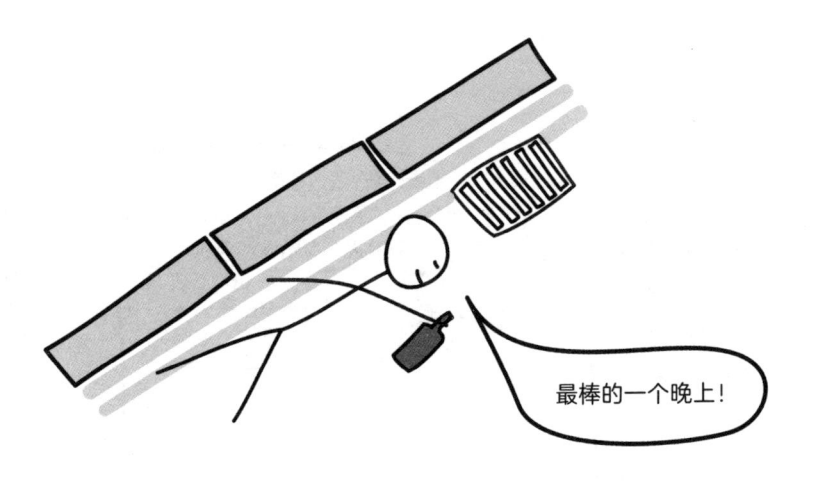

现在就有些不同了。

长大的一个好处就是，你会变得越来越理智，越来越不容易受到同伴的影响，所以夜生活也随之变得安全得多。

当然，这或许对有些人来说是成立的，但对我来说绝对是胡扯。我是那种越长大越糟糕的类型，常常假装忘记自己是个妈妈。

最初，一切都打算得很好……

就喝一杯对吗？不要再像上次一样！

来吧来吧！我这里有很多你们喜欢的鸡尾酒。留下来喝一杯……或者 7 杯。没人会来给你脸色看！

绝对只喝一杯！

最爱的当地酒吧

这在我们家完全是个笑话。杰知道只要我不接电话，然后没有按照承诺的时间回家，我很可能是在一个通宵酒吧里，跟着贾斯汀·比伯的歌站在桌子上跳舞。

> 我知道，我们坐高铁去巴黎吧！
>
> 凯蒂，已经凌晨 3 点半了，我们真的应该回家了！

其实大家都知道，有时候我也是左边那个人，但是，嘘……不要告诉别人。

你看，我有时候真的没办法停下来，尤其是现在我基本上没什么机会出去。从微醉但清醒着，变成一个搞笑的烂人，其实中间只隔着一条很细的线。

到了那个时候，就只剩下开心和玩乐了对吗？到了那个时候，你非常有可能完全忘掉你已经当妈了这个事实，还有明天那一堆恐怖的任务。

当你在早上 5 点半突然惊醒时，它们突然在你的脑子里上蹿下跳，而你才刚睡了两个小时。这时你才意识到，不知道被你忘到猴年马月里去的丹尼尔的 5 岁生日派对今天上午 11 点就要开始了。

杀了我吧，赶快！长大有时候真的是糟糕透了。

而且，即使哪天比较空了，你还是不能像以前一样给自己开一个自我放纵的无人派对——再也不能来一次电视剧狂欢，再也不能躲在毯子下面往嘴里塞薯片，再也不能一边疯狂地在手机上进行爱的宣言，一边捧着可乐哭。

在我们家，如果谁有一点儿脆弱，我们基本上对他（她）还是比较好的，但是有时候我们也会变得非常坏，因为耍贱真的很好玩（对于可以接受的人来说）……

在这种情况下，我就会动用我的十步法则来对付我的孩子们：

1. 装死。
2. 继续装死。
3. 其实基本上就这么多了。你只能祈祷他们最后会感到无聊，然后就懒得管你了……

千万不要上钩，继续装死，反正还有足够的时间再活过来。

哎呀，完了，另外一个也过来了……

"妈妈妈妈!你可以和我们玩超级恐龙克塞号的游戏吗?!"

"只要能让我躺在地上,你们想玩什么我都奉陪。"

你以为这样就算完了?想得美……

"耶,妈妈妈妈!充气城堡妈妈!"

"使劲跳!妈妈快醒过来,已经是白天了!"

只要我试着合一下眼睛，就一定会被他们发现。哪怕是在我陪着他们看某个傻傻的节目时，他们也会一直注意着我。当他们发现我没有认真看的时候，就会用手指强行把我的眼皮扒开。

我永远都爱我的孩子们，宿醉的时候也想和他们在一起（那是不可能的），但是这样会让我不断变长的痛苦清单上再添上更多的罪恶感……

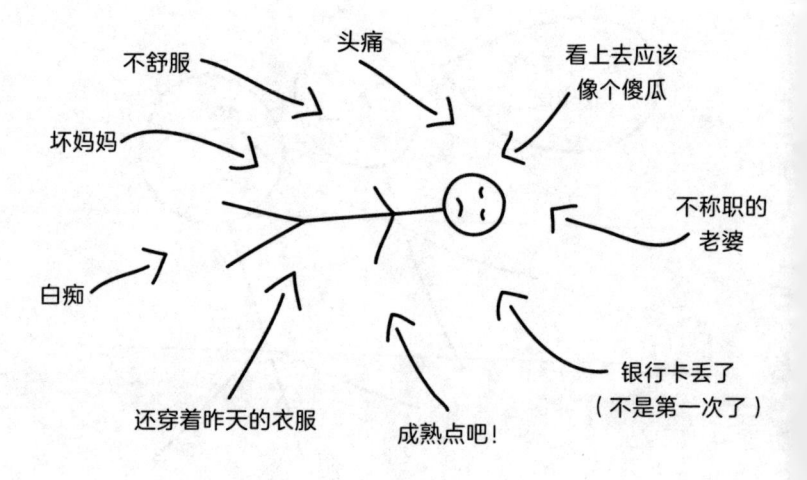

- 不舒服
- 头痛
- 看上去应该像个傻瓜
- 坏妈妈
- 不称职的老婆
- 白痴
- 还穿着昨天的衣服
- 成熟点吧！
- 银行卡丢了（不是第一次了）

我最不喜欢带孩子做的事情：
小天使变成了熊孩子

啊，是妈妈的特别饮料！

啤酒、红酒和烈酒

妈妈，这是你的最爱，对吗？

孩子们有一个特点，就是在做他们喜欢的事情时，还是蛮正常的。但问题是总会有他们不喜欢做的事情，这样的事情会把他们最可怕的一面引出来。

更糟糕的是,这些事情大多数都发生在大庭广众之下。所以,当你的孩子因为你不准他在家居商店里拿着一把 9 英寸长的餐刀到处乱跑而大发雷霆时,你还不得不考虑到周围那些关注的目光,让自己尽量显得冷静、耐心和平静。

噢,亲爱的,我知道你很不开心,因为我不让你玩刀。我们来聊聊好吗?

啊!!!

想像个好人一样发脾气真的太难了!有时候我真是等不及回家就露出我的真面目了……

我们不可能全天都围着孩子们转。有时候，我们还必须解决一些破事，而当孩子在旁边时，他们会让这些破事的难度增加一万倍（这是有科学证明的）。下面是一些我最不喜欢带着孩子做的事情。

差事或者任务

我讨厌差事，很无聊不是吗？可你知道有什么比差事更糟糕的吗？那就是带着孩子做差事。我会想尽一切办法尽量不带他们，因为我真的很讨厌带着孩子跑差事！

我说的差事就是那些比如说要去看医生，或者去量脚的尺寸好给他们定制贵得要死的校鞋，或者是在邮局排长队。

这些事情有什么共同点呢？那就是需要很长的等待时间。

我家孩子最喜欢在这些等待时间里变身为可怕的熊孩子。比如，他们会把东西从架子上扯下来，当你不允许时，他们就会在地上打滚号叫，到处乱跑，或者冲进什么东西里。还有就是——他们会强迫周围那些极不情愿的观众看他们进行某种奇葩表演。

哈，哈，哈，不要，不要，不要。

购物

我也知道,购物其实应该被归在差事里面,但我还是想把它拎出来单独讲讲,因为它尤其令人大跌眼镜。我以前觉得购物是一件很休闲的事情,但是现在基本上每次购物都变成了一场考验耐心的测试。

你还记得自己在没生孩子之前去购物都是什么样子吗?安安静静地在店里逛逛,随手拿起一本书翻翻,喷一点儿香水闻闻,挑一条裙子在镜子前比比,站在手扶电梯上感受微风吹过你的头发,闻一闻长得美美的蜡烛,人生就应该这么随性……这才叫逛街,对吗?

等你一旦有了孩子,这种逛街的心情就消失不见了,取而代之的是着急忙慌地买买买。

即使我能抽出时间自己出去购物,还是会觉得有巨大的压力——我一定要好好享受这个难得的机会。然后,我就会很害怕自己没有好好享受,所以最后还是变成了着急忙慌地买买买。

不过我宁愿这样,也不要拖着我家那两个孩子。因为……

我的建议就是，全部都在网上买吧！互联网是你的好朋友。其实它不光是你的朋友，还可以防止你发疯。好一条救生绳索啊！

婚礼

婚礼会因为有了孩子而锦上添花。当然前提是你不要把自己的孩子带去，要不然的话，好好的一场婚礼就会被你给毁了。

不错，他们穿上礼服的样子很可爱；不错，他们拍出来的照片也很好看。还有，在短暂的一段时间里，他们在草地上嬉戏、大笑、奔跑,这样的画面也很温馨。但是接下来,你就会发现原来每个人都有不一样的目的——我是想放松放松,和很久不见的朋友聊聊天,但是我的孩子们想要的是大口大口地吃婚礼蛋糕,以及在不合适的时候喊出不合适的话。

我们结婚的时候不得不带上孩子,因为我们是在生下大哥之后才举行的婚礼,还有一个原因就是我们总不能不邀请我们的孩子参加我们的婚礼(还是说其实可以)。反正我真的很希望当我被邀请去参加婚礼的时候,他们会告诉我:

"不好意思，不能带孩子哦！"我敢肯定，这样每个人（包括我自己）都会玩得更开心一些。

就是想上个厕所而已

公共厕所

不要开门！

妈妈，你是要拉个臭臭还是要尿尿？

噢，我把门打卡（开）了！

我已经无话可说！

不过把孩子从你的宾客名单上剔除也有一个风险，那就是好不容易逃出来的那些当爸当妈的大人，遇见了无限续杯的酒水，估计也不见得比他们的孩子好到哪里去。

拜访那些没有孩子的朋友们

我们前面讨论过有关那些还没有孩子的朋友的问题。他们是很好的拜访对象,只是你不能带娃。你的孩子们会把那些没有孩子的朋友的家整个拆下来,因为除此之外他们无事可干。没有孩子的家庭一般都不喜欢自己的家被拆掉,这对他们来说真的很可怕。

出去吃饭

我其实并不是一个文身粉。但是在满 17 岁那年参加的第一个女生节里,我在康沃尔郡文了一个很丑的迪士尼文身。当时本来就够丑了，但是20年之后看起来简直更糟了（当我发现这点的时候，真的有点想昏倒）。不过我其实还有点喜欢它，因为它让我想起当年那个稚嫩的我，那个完全不介意在大庭广众之下把胃吐个底朝天的我。不好意思，我偏题了。如果我是一个文身粉，我可能会文一个"带娃出去吃饭可能是你能想到的最可怕的花掉500块钱又吃力不讨好的事情"。但愿这能让我重视前车之鉴，不会再每过几个月就好了伤疤忘了痛。

我觉得出去吃饭的一个最大的问题就是吃的东西都太花哨了，所以需要等很久菜才能上桌。如果你的孩子一口气就能干掉杯里的宝宝咖啡，而且厚颜无耻地把杯子高抬过肩要求续杯，那么你就会发现其实有的餐厅并不像他们宣传的那么"亲子"。

公共交通

有时候,我实在不知道怎么阻止他们开心地说出某些很无礼的话。在巴士或者火车上,我的孩子们貌似总爱挑一些看上去完全正常的人的刺,然后靠近我的耳朵,以为别人听不见,但其实基本上就是直接喊进我的耳膜里的……

问题是,他指着的根本就是一个女人好吗!

现在和过去：
为人父母有什么不一样

> 天黑了就回来啊！

我的童年过得非常开心。除了那些基本的东西不说，我不太确定我的灵魂到底是怎么进入我的身体，然后又是怎么被我爸妈生出来的。但我非常肯定，能成为他们的女儿真是太幸运了。

如果你问我（我知道你没有问我，但是嘘……这是我的书），我的思绪会自动飘回沃森海滩——坐在游泳圈上嬉戏，在岩石潭里翻螃蟹；或者和我的姐妹们以及街上的其他孩子一起在外面玩，骑着我们的自行车一直玩到傍晚才依依不舍地回家。

妈妈总是在我们身边，给我们做吐司和零食吃，但是我不记得她有很特意地去找事情让我们做。我们经常一起玩桌游，或者在游戏机上玩捉鬼敢死队；我们会在报刊亭花上20便士买糖吃；我们还会买冰棍和薄荷糖吃，然后想象它们是赋予我们神奇力量的药丸；我们还会抽香烟糖，因为觉得这样看起来很酷；我还会自己写故事，和我的小马玩。我还有一个粉红色的梦幻城堡，当时的岁月真的很美好。

我爸爸是一个传统的、典型的兢兢业业工作的父亲。在我满8岁的时候，他让我尝了人生第一口金汤力（当时我立马吐了出来），而他到现在都还能调出最好喝的金汤力。他肯定不会否认，对他来说最好的亲子时光就是我们都满了18岁之后，终于能请他在酒吧里喝上一杯了。

我决定问问我的爸爸妈妈在七八十年代初为人父母是什么样子的，所以我一边吃着妈妈秘制的红酒炖牛肉，一边对他们进行了一次采访：

我：你们还记得第一次抱着一个新生婴儿回家是什么样子吗？

妈妈：惊慌失措，绝对惊慌失措。

爸爸：噢，老天，真是糟透了。

加油老爸！

妈妈：你和卡洛琳（我最大的姐姐）都是一月份出生的，那时天很冷，还在下雪，而我们根本就不知道该怎么办。当时还没有中央空调，所以你爸爸生了一堆火，然后我们是让你们戴着手套和羊毛帽子睡觉的。

爸爸：我们俩的妈妈都离得很远，所以根本帮不上一点儿忙。

妈妈：而且我们那个时候连个电话都没有。我记得跑到街上去给我妈妈打电话，因为卡洛琳总是不停地哭。

爸爸：现在听起来好像我们那个时候很厉害一样，其实完全不是，只是说明即使条件简陋，孩子还是能活下来。

我：你们觉得当爸妈最难的地方是什么？

妈妈：可怕的尿布。我们那个时候有整桶整桶的脏尿布放在厨房、卧室和客厅里。

爸爸：整个房子闻起来都是一股尿味，真的很臭。

妈妈：我们不停地把它们洗干净，然后挂在火前面烤。那个时候我们是用一个很大的别针来固定尿布的。你能想象把别针别在一个扭来扭去的宝宝身上是个什么情景吗？

我：简直无法想象，我想给他们穿个纸尿裤都已经很难了！

现在……　　　　　过去……

（别动哦，要不然妈妈很难给你穿上去的。）

（不要动哦，要不然这个可怕的大别针就要扎到你身上去了！）

妈妈：还有你们那液体状的大便说拉就拉了出来，当时你的屁股红得厉害。哦，还有当时关于母乳的建议是每隔4个小时喂一次。我直接就不管它，你能想象隔4个小时才喂一次一个刚出生的孩子吗？

我：不行，他们一开始是需要时刻喂的。

妈妈：还有在外面喂奶是绝对不行的，真的没人会这样做。我必须得回到家或者找一个母婴室给你们喂奶。

爸爸：其实也没那么糟啦，不至于那么糟糕……

妈妈：你基本上都不在好嘛！

笑声

妈妈：你在上班。我读过一些书，然后就觉得自己应该没问题，却发现根本就没那么简单。我们周围没什么家人，所以我就开始去参加亲子活动组，好认识一些新的朋友。

爸爸：当时也没有互联网，不能通过网络和别人联络，所以也就没有别的选择了。

我：那爸爸们呢，他们一般都不太帮忙吗？

爸爸（看起来有点害羞）：我什么都没做。

妈妈：他没换过尿布，这点是可以肯定的！

接着，他们针对我爸到底有没有换过尿布辩论了一番。结论是，可能换过几次。

妈妈：现在的爸爸们一般都参与得比较多了，对吗？

爸爸：我对于养孩子这件事唯一的贡献，就是当你们淘气的时候把电视天线拔掉。（以前我爸会把天线放进公文包里带去上班,这真是最严重的惩罚,因为《聚散离合》当时就是我生活的全部。)

妈妈:你倒是还会用婴儿车推着她们在街上走,好让她们睡觉。

爸爸(看起来很欣慰):是的,我会那样做。

我:还有什么不一样的呢?

妈妈:嗯,那个时候没有汽车安全座椅!

我:哦,天哪,我记得我曾经为了挑选儿童安全座椅的旅行系列产品愁得睡不着觉。

妈妈:什么旅行系列?

我解释了一下什么是旅行系列

爸爸(不以为然):我们就把婴儿车直接卡在后排座位上,那就是我们的旅行系列!

妈妈:现在想起来很后怕,你肯定不敢那么做,对吗?还有吸烟,当年你爸就直接对着你们喷烟。

现在……   过去……

> 我们有一个全方位保护的五点式安全带以及超牢固的儿童安全座椅接口,比我们这辆破车还要贵。

> 我们就把这辆婴儿车直接扔到后排座位上面!

两个人都笑了起来

我:所以你们都带我们玩些什么呢?

妈妈:这个啊,我们当时不会度假的,我们从来没出去过,对吗,麦克?别人也不出去。不过彭妮和德里克有一个房车,但是也就那样了。我们就自己做些三明治,然后带你们去海边。

我:我印象中好像一直都很热,夏天我们每天都去海边是吗?

妈妈:额,我们是差不多每天都会去海边,但也不是一直都那么热。

爸爸：我年轻的时候一直都很热啊，感觉我30岁之前都没有下过雨！

我：我们还做些什么呢？

妈妈：现在一切都围着孩子转，你们小的时候可不是这样。

爸爸：那时你不能带孩子去酒吧，对吗，苏？我记得我到处找，找了很久，看有没有酒吧可以让你把孩子带进去。就这一点来说，现在就好很多啦！大人玩的时候，小孩就该在一边待着不发出声音。

又笑了起来

我：我们以前出去玩的时间比现在多得多，对吗？

妈妈：是的，不过当时也是家里没什么可以让你们玩的，所以基本上你们都在外面玩，我们也从没担心过你们会遇到什么坏事，当时感觉很安全。

现在……　　　　　　　　过去……

> 好吧，那我们花上700大洋出去玩一天吧，尽管大家都不会开心！

> 爸爸，我觉得好无聊！

> 爸爸，我觉得好无聊！

> 走开，我在看报纸！

我：妈妈，那我们小的时候你上班吗？

妈妈：上的，大部分人都会或多或少地工作，我基本就是找一些能同时照顾你们的事做做。我做过耳环，在市场卖过干花，还会等你们睡着了去护理机构值夜班。

我：那托儿所呢？

妈妈：那个时候还没有托儿所，没有任何地方有人可以照顾3岁以下的孩子，只能请朋友帮忙，所以我想那个时候的社区可能更紧密一些。但是因为我们的家人都不住在附近，所以我们基本上就没有什么自己的空闲时间了。

爸爸：我记得艾米丽（我最小的妹妹）去上学的第一天，我请了一天假。我们去了一家西班牙酒吧，这是我们很多年来第一次尝到了自由的滋味。我们喝完了整整一瓶红酒，然后才去把你们都接回家。

笑

我：你们觉得现在的孩子都被宠坏了吗？我的孩子好像永远都想要更多的玩具，他们总认为别人的东西更好一些。

妈妈：你们以前也有很多玩具，不过话说回来，以前大家的东西都差不多。现在的孩子可以选择的玩具太多了，我们当时哪里会花那么多钱去买玩具啊！

我：还有生日派对，人们会几千几千地花在这个上面，现在真是越来越铺张浪费了。

妈妈：我们也开派对，但就是在家里玩玩击鼓传花什么的。我每次都会做一个蛋糕，然后我们还会吃奶酪、薯片，还把菠萝做成刺猬的样子，反正就是很简单。

爸爸：我觉得像以前那样简简单单的，孩子们反而玩得更开心一些。

我：我记得有一次生日派对是在麦当劳过的，我们还参观了厨房！而且我还记得我们一起跳迪斯科，还有爸爸把4个彩色的灯泡装在一块厚板子上，用来打灯光。

爸爸：噢，我都忘记了！是啊，你当时可喜欢了。

我：真的觉得超厉害！

我：那吃的东西呢，你们会操心我们吃些什么吗？

妈妈：反正你是最难对付的一个。我记得有次做了三套菜，就因为你们都喜欢不同的东西。

我：这就是为什么我不太担心我的儿子们的原因，因为我想他们总不至于比我差。（我25岁之前，除了土豆之外什么蔬菜都不吃。）

我：你觉得这些怎么样？

我给我妈看了一张图片，上面是一个现在的家长会给孩子准备的午餐便当盒。

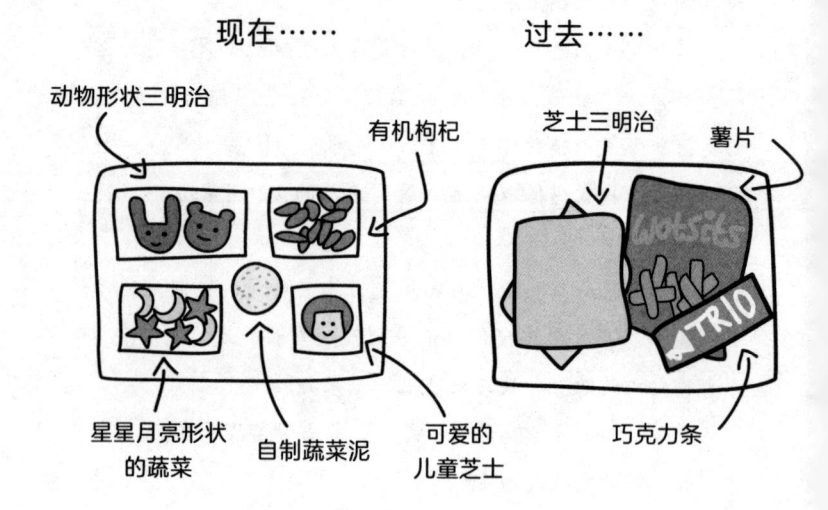

现在……　　　　　　　过去……

- 动物形状三明治
- 有机枸杞
- 星星月亮形状的蔬菜
- 自制蔬菜泥
- 可爱的儿童芝士
- 芝士三明治
- 薯片
- 巧克力条

妈妈：我的老天，这真是太厉害了。

我：可能现在人们更重视饮食健康了。这是好事，但是有时候感觉很不实在。

妈妈：是啊，你们以前每天吃的都是一样的东西。

我：你们会不会担心别的家长怎么看你们，或者会出于这种压力去做一些事情？

妈妈：没有。当时不一样，那时候没有各种报道，没有名人，没有论坛，没有哪种生活方式是完美的。现在都被商业化了。我们以前就是随遇而安，每个人都一样，靠代代相传的育儿方式把孩子养大。

爸爸：小宝宝都是一样的，只是我们以前没有现在这些东西。从某种程度来说，我觉得以前反而简单一些，没那么多让人分心的东西，现在养个孩子压力太大。

我：是啊，我也这么认为。

现在……　　　　　　过去……

> 我们还需要一些可爱的鸭子毛巾，一个吸鼻器，还有一个坐便器。

> 我们的东西都备齐了吗？

> 不知道。

我想我们可以从自己的童年里学到很多：首先，关于孩子到底"需要"什么。当然，我不是说我也不去弄个安全座椅，只是有很多看上去很时髦的装备和玩具其实并没有那么有用。高级的度假以及昂贵的短途旅行也是同样的道理，孩子们才分不清楚马盖特（注：英国海滨小城）和马尔代夫的区别，而且我家孩子们 95% 的时间都只想去家旁边的公园。实际上，最近大哥才这样对我说："你还记得那次我拿了一根很粗的棍子，长长的，我一整天都拿着它，累得都快死掉了，但是我没有死。那真是最开心的一天了！"

他说的这一天,我完全没有印象。相反,我清晰地记得有一次,我花了大价钱结果就是看着我家孩子在小猪佩奇的世界(注:一个游乐场)里大哭,当时真想戳自己的眼睛。

教训:如果你承受不起,就别勉强自己了。

还有,我以前吃了很多火鸡汉堡和冰激凌,不是也活得好好的吗(迄今为止)?我小时候真的超级挑食,但现在基本上是个吃货了。

最后,偶尔忽略一下你的孩子其实也没什么关系,甚至还有好处。大哥总是会在家里说"没事情做",而我们家玩具堆积如山,都可以开玩具店了!有时候我没办法或者根本就不想和他玩,就温柔而坚定地告诉他"妈妈现在很忙"。最后他实在没办法,只好自己一个人在那边用乐高做一个很酷的东西出来,而他刚刚还说乐高是"超级无聊的"。

让孩子们学会独处是很重要的,也有助于培养他们的想象力。在现实社会中,人们经常会被别人忽视啊,所以一天24小时无微不至地陪着孩子其实对他们并没有很大帮助,不是吗?

我希望通过这个方法能让我的孩子成长为一个自给自足、不依赖别人的人,而不是变成一个自命不凡的井底之蛙。

06
CHAPTER

和孩子一起长大的爸爸妈妈

世界突然变得如此鲜活——孩子们教给了我人生中最重要的一课,他们从很多方面充实着我的生命,让我觉得自己正变得越来越好。他们让我重拾信心,是我的兴奋剂,是我的一切。

和孩子一起成长：
那些孩子教会我的事

我感觉自己在成长之路上总是缺了点自尊或自信，我猜很多人都是这样。

我希望被别人喜欢，我希望能融入周围的环境，所以我总是很在意别人到底是怎么看我的。当那些我认为比我好、比我酷的人注意我一下，我就会感到很欣慰，甚至很荣幸。

我时常担心自己的样子，担心别人都比我好看、聪明、幽默。我也有点儿迷茫，觉得自己像是一个土豆，躺在一堆长得好看的蔬菜中间。

> 如果我是根玉米棒子就好了！

> 什么都得来不费吹灰之力！

但是我现在不会这么想了。到底是什么发生了改变呢？应该不是我，我依然还是以前那个土豆，只是我开始学会欣赏自己的价值了；土豆可能和泥巴一样普通，但它们浑身都是宝，可以让人填饱肚子，还可以被做成薯片，没有人不爱吃薯片！

这种心理变化的过程基本上是随着成长而自然发生的，我只是变得越来越喜欢自己而已。但是有了孩子以后，我所有的想法基本上都被颠覆了。

前不久我还正跪在镜子前化妆，为晚上出去玩做准备。当时小弟正饶有兴致地盯着我看，问我在干什么，还有他能不能也用一用我的化妆品……

> 我可以用你的化妆品吗？

> 妈妈也不苏（需）要，你本来也很美。

> 你不需要化妆，你本来就很美！

谁能想到：人生最重要的一课竟然会从这么小的宝宝嘴里说出来？我的孩子看不见我的缺点，他们能看见应该被发现的美，发自内心的美，所以我现在正朝着这个方向努力。

不仅如此，当我开始认真思考这个问题时，我发现我的孩子们正在从很多方面充实我的生命，让我觉得自己正在变成一个更好的土豆人。

比如说，他们总是在教我东西，那些我习以为常的东西，那些我从来都不会花时间思考的问题。我们的身体、恐龙、光合作用（植物），还有太空，我在重新学习它们……

真是让我脑洞大开。

我能通过他们的双眼看见一些自己常常忽略的东西。这些东西，只有孩子运用想象力和创造力才会发现……

那朵云像一只霸王龙！

哈哈哈！

世界突然变得如此鲜活。

我好像又回到了 8 岁大的时候，终于可以在玩具店里买那些我曾经觉得很酷的东西，然后假装是买给孩子们的。我还可以做很多很好玩的事情，比如滑滑梯、在充气城堡里跳来跳去，还有每天都能吃冰激凌哦！

他们无比诚实,在我失败的时候,总是会在身边鼓励我……

我已经学会了充分安排和利用我那有限的休息时间，不再看《圣橡镇少年》（注：一部流行的英剧）——我曾经在这个鬼东西上面浪费了很多光阴；不再管别人对我怎么样；不再浪费时间去取悦一个永远不会满意的人而去做自己根本不想做的事情。

孩子们解放了我。他们是我的死党，当我需要拥抱的时候，他们是爬进我怀里的小猫咪。他们让我重拾信心，是我的兴奋剂，是我的一切。

有时候在最倒霉的日子里,我会觉得又累又气,似乎随时随地就要崩溃了。但是,当我把大哥哄进被子里的时候,只要他对我说一句话,就会让我觉得生活里其他的一切似乎都变得没那么重要了,而且他还老是说得不太恰当,我也总是不想去纠正他,因为我更喜欢他这个说法……

> 在我滴(的)世界里,你是我最好的女孩。

或许会有人瞧不起我这里或那里,但是这都没关系,因为我知道,我的孩子会永远爱我。我是他的世界里最好的女孩,没有什么比这更重要的了。

好样的土豆!

（最后说一句——以防有人看完这章后想：什么?!这章很多地方都和她之前说的自相矛盾嘛，比如什么孩子让你变得很无趣，和他们在一起玩很无聊，还有他们打破砂锅问到底的精神让人头疼得要爆炸。没错，这就是孩子。事实上，生活就是这个样子———一路充满矛盾，直到你安息。）

唬人女王：
奖励和威胁，算了吧

> 如果你不赶紧把衣服穿好，我就把你光着身子送到学校去，还会取消你下一个生日，再也不给你买软糖了……

> 忍者神龟变种时代！忍者神龟变种时代！

我和孩子在一起时，通常会做一些我们都比较擅长的事情（譬如在厨房里跳舞，或者狼吞虎咽地吃吐司上的果酱……），当然也会做一些我们不太擅长的事情（除了前面说的几点，基本上都不太擅长）。

通常情况下，大哥会主动去做的事情必须要搞笑、有趣，所以日常生活中的那些事做起来就困难重重了，比如说准时去学校或者托儿所上课，因为穿衣服不属于搞笑和有趣中的任何一个类型。当然了，如果我们直接一手包办，那也不是什么难事，但是和大部分爸爸妈妈一样，我们非常努力地想要培养大哥的责任心。

所以，我们给大哥定的新家规是：

1. 你下来吃早饭之前，必须先自己穿好衣服。声称自己做不好是和……额……昨天你可以自己穿衣服这件事自相矛盾的，尽管你昨天花了整整45分钟，鬼知道你到底是怎么在穿衣服。
2. 出门之前，你必须给自己穿上鞋子。把一只脚指头塞进鞋子里，然后又声称自己穿不好，这并不代表你尽力了。
3. 自己去厕所尿尿也可以算作积极的表现。

我很失望地说，进步是微乎其微的。可能是因为在实际执行的过程里掺杂了一些毫无意义的威胁以及说到做不到。抱歉，都是我不好。

当我好好回想的时候，我才意识到所有从我嘴里吐出来的东西基本上都是废话！事实上，一天下来，我常常会觉得自己耗尽了整个军火库的空洞的威胁。

威胁——"如果你不把鞋子穿上,那就自己待在这里!"
难题——房子会被他拆掉,而且这是违法的。

威胁——"再也不准你看电视(或者 iPad)了!"
难题——还不如一枪把我崩了算了。要知道,如果没有电视或者 iPad,我就什么事都别想做了。

威胁——"如果你不把玩具收起来,那我就把它们捐到慈善商店里去!"
难题——我真的想这么做。但是现实中我实在太软弱,会害怕自己的孩子。

威胁——"如果你再这样做,那我们现在就离开这个疯狂蹦蹦城堡!"
难题——我刚刚才付了 90 元的入场费,还点了杯拿铁咖啡。

威胁——"我现在就给丹尼尔的妈妈打电话,叫他们不要来了!"
难题——丹尼尔的妈妈会讨论除了蝙蝠侠之外的话题,我真的很需要她。

威胁——"你如果还这样,那就别去超市了!"
难题——完全不计后果的威胁。

威胁——"如果你再不过来,那就自己回家吧。"
难题——有车,还有坏人;可能会死掉;犯下抛弃孩子的罪会被关进监狱。

威胁——"那好吧,我们不去度假了。"
难题——我还没准备好就因为牙刷被他扔出卫生间窗外就让几千大洋打水漂。

威胁——"不要再闹了,要不然就不准你滑滑板车了,自己走路吧!"
难题——走路的话要花上 5 分钟,而且会一路大哭和发飙。

威胁——"好吧,我把你的晚饭倒进垃圾桶算了!"
难题——这可是我刚花了一个小时才准备好的晚饭啊,我可不想看着它"英年早逝"。

威胁——"你要我明天去学校的时候告诉杰弗里斯老师吗?"
难题——我们两个会看上去都很可悲。

威胁——"你想要我把你的泰迪熊（他最爱的玩具）送给别人吗？"

难题——太残忍了，也会让我觉得自己完全就是个烂人。

威胁——"数到三，然后我就……"

难题——然后我就什么都做不了。

所以，这些数也数不完的威胁到底起到了什么作用呢？啥都没有。如果你不能说到做到，那威胁根本就是一只纸老虎。我很明白这一点，但我就是个凡人。当我急着要出门的时候，这些话就会不经过大脑直接从嘴巴里吐出来。

所以我们决定，与其把事情弄得这么负面，还不如整一点儿正能量。

奖励表貌似是一个备受争议的选择——有的人是忠实粉丝，有的人却不喜欢这种通过贿赂来教育孩子的方法。我的观点是，只要孩子能配合，那我就不在乎他们为什么而配合（当然除了用暴力）。而且我还觉得，人生中的大部分事情都值得一试（当然，除了海洛因）。

所以，既然奖励表既没有暴力也没有海洛因，而且应该还会让好好表现变得有趣，那我们就坚持实行吧！

至于要怎么画这张奖励表，我们采取的是双管齐下的办法。

你一定能行！

	星期一	星期二	星期三	星期四	星期五	星期六	星期日
不尿裤子							
不做坏事							

虽然这看起来应该涵盖了所有的基本点，但是我们还是觉得可能有点儿太具体了，没有涉及更全面一点的性格问题。所以除了前面提到过的穿衣服的规矩，我们又加了几点。

- 对弟弟友爱
- 好好吃饭
- 不从床上爬起来
- 不要老是无缘无故地大哭

我们还决定，如果一整天的格子都贴满贴纸，那就可以得到一个小奖（从奖品箱里选一个）；如果整个星期的格子都贴满贴纸，那就可以得到一个大奖（垂涎已久的变形金刚擎天柱）。

看起来简单极了，对吗?

你错了……

> 耶，我把晚饭全吃完了，现在可以给我一个擎天柱了吗?!

我跟他解释，像这样把一半晚饭倒在地上是不能算数的，而且他应该收集满一个星期的贴纸才能得到擎天柱，但是这么说的效果很不好，因为一个星期就是"好久好久"!

看来，我们似乎还是卡在了那个愁人的阶段，那就是不管条件多么诱人，只要不是当时那一秒就能得到奖品，那就什么都免谈。

所以我就这样徒劳地一天重复20遍，苦口婆心地给他解释得到各种奖项的条件，还要一边不厌其烦地把该死的贴纸从家里的每一个台面上撕下来。

总之，现在我很讨厌奖励表，可能比讨厌拿着一堆贴纸的孩子还要厉害。它们最让人讨厌的地方就是你会被迫接受自己可悲的失败，比如说，终于集满了25%的贴纸之后……

其实，我们倒是蛮需要给自己画一张奖励表的。

你一定能行！

	星期一	星期二	星期三	星期四	星期五	星期六	星期日
有点儿骨气	★	★	★	★	★	★	★
不做坏事	★	★	★	★	★	★	★
不要在网上给孩子的派对找主题	★	★	★	☹	NOOO	!!!	

既然开诚布公了，那我还要说句实话，其实上个星期我们吃了一整个蛋糕，上面还点满了蜡烛，虽然根本就没有人过生日。因为我觉得，孩子们就是我的老板。

所以你也看出来了，我不是一个圣人，我也很脆弱，但是我们还是在努力应付着。而且我仍然有信心，不管我多么忧心忡忡，我们家孩子还是学得不错的。他们冒冒失失，却很有礼貌；他们有一点儿野蛮，却很善良。

我想，在一个理想的世界里，我的孩子们会很听话，而我也可以保持冷静。但是我生来就不是这样的人，我的耐心比较有限，所以对于每次问他们"麻烦你刷个牙可以吗？"他们给你的回答都是"但是妈妈，你最喜欢《星球大战》里面哪个人？"这样的情况不用重复很多次，我就会开始失去活下去的勇气。

但是，有一个东西永远都不会失去魔力……

饼干！

如果真的要我写一份恰当的养娃指南，我大概会这样写……

养娃就给他饼干！

养娃指南，看这本就够了！

你是不是觉得，想控制一个任性的孩子真的很难？你是不是受够了把一本又一本的养娃指南买回家，却发现还是啥用都没有？

那么为什么不试试脆饼干……

养娃就用脆饼干！它向你承诺，你一定会收获一个开心、听话、乖巧的孩子，只要简单地问一句："想要饼干吗？"

不让你给他们梳头？想要饼干吗？
说不舒服不愿意去学校？想要饼干吗？
不肯坐进婴儿车或者汽车里？想要饼干吗？
憋尿憋得直哆嗦了，但还是说自己不用上厕所？想要饼干吗？
扯着嗓子反复唱让人烦得起鸡皮疙瘩的"随它吧"？想要饼干吗？

还有点儿犹豫？别担心，这里有你想知道的一切问题的答案。

问：我家孩子老是发牢骚，真是搞不懂。我该怎么办？
答：给他嘴里塞满饼干。

问：我女儿不肯吃蔬菜。
答：当然啦，因为蔬菜不是饼干，给她吃饼干试试看！

问：我儿子说他不喜欢去上学……
答：我敢打赌他喜欢饼干！试试……

问：你的方法很有效，但是糖吃多了孩子不会兴奋吗？
答：不用担心，只要你继续给他们喂饼干吃。

问：对付发脾气的孩子最好的办法是什么？
答：离他远远的，然后不停地丢给他巧克力燕麦饼干，直到一切都安静下来。

问：你有没有想过通过贿赂孩子来让他们屈服是治标不治本的方法？我希望我的孩子们好好表现是因为他们知道这才是应该做的事！
答：走开，你这个自以为是的浑蛋。

问：如果……？

答：饼干。

问：我应该……？

答：对，饼干。

问：但是……

答：你这个笨女人到底还有什么不明白的？！给他们饼干就好了。

读者评论

"今天早上，为了让我的儿子能自己穿鞋，我真是费尽心机，但是什么方法都不管用。然后一个朋友推荐我去读一读《养娃就给他饼干》，他突然就像变了一个人！这几天我们出门那个神速啊，我都还没来得及说'鲜奶蛋糕'呢！"

"刷新我的世界观，我读过的最棒的一本书！"

"真是太鼓舞人心了，作者真的打破了传统育儿书籍的界限，给大家提供了一个最实用、最容易执行的建议。"

"我甚至都不知道从何说起才能让你们明白它到底给我们的家庭带来了多么翻天覆地的变化。太感谢你了！"

"多么简单有效啊,甚至会让你想不起来为什么你还需要去买这么一本书(但是很明显,你必须要买)。"

"太!精!彩!了!"

《养娃就给他饼干》——现在各大书店均有销售!

更多该作者写的书:

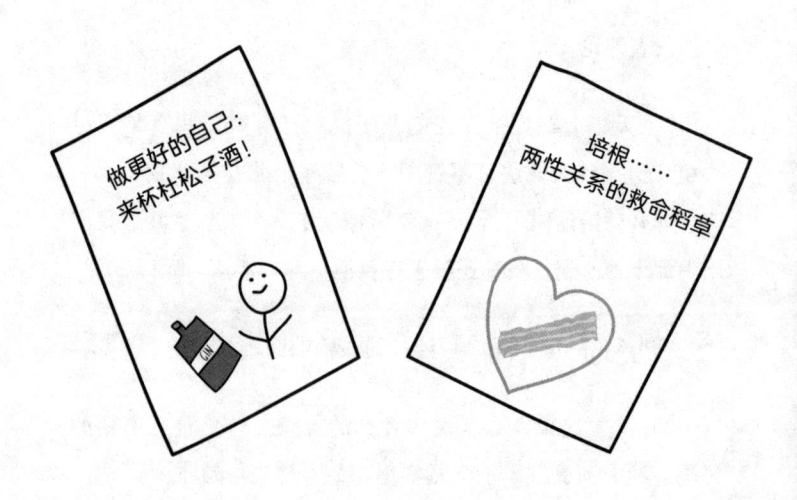

养娃不是一场比赛：
别再内疚了，没人做得比你好

我们在生孩子之前，总会先想象一下自己属于哪种父母。你们知道我当时想象自己应该会是哪一种吗？我以为自

己应该是那种坐着弹钢琴,我的孩子们在我身边一边跳舞一边唱歌。我应该是一个风趣的、偶尔抓狂的、非常随性的妈妈,而我们的生活应该常常充满了欢乐和笑声。

这个幻想不仅好笑,而且从很多层面来说根本不可能实现:首先,我从来就没有学过弹钢琴;其次,我很怀疑我们这辈子是不是有可能买得起一个可以装得下钢琴的大房子。当他们不再争抢那个本周最流行的塑料玩具的时候,我们偶尔也会在厨房里唱着泰勒·斯威夫特的歌跳迪斯科,但是我也不知道这算不算实现了自己的幻想。

我只知道我本来想成为朱莉·安德鲁斯(注:电影《音乐之声》的女主角),但是没想到却变成了灰姑娘。

想象中的亲子关系　　　　**现实中的亲子关系**

这些想入非非的念想或者说是理想有一个问题，那就是它们无处不在。从怀孕的时候开始，然后一直形影不离地跟着我们直到孩子出生以及出生之后。天然派的妈妈卡斯本来打算喂母乳到孩子两岁，但是孩子出生后才两个星期就开始加奶粉了；准备催眠分娩的莎莉却被推进急诊室里做了剖宫产；还有只喜欢木质玩具的山姆刚刚给他才开始走路的女儿买了一个新的 iPad，好让自己可以安安静静地喝 5 分钟咖啡。

> 我本来以为自己会很排斥科技产品，原来只是因为我以前没有意识到孩子有多烦人……

> 如果电池没电了，我就要让某个人受伤。

这里有些选择到最后根本就没的选，但是有时候我们很难看到这一点，我们开始有抵触情绪，内心的负罪感变成一团团火药从嘴里喷射出来。为了争辩自己的决定是正确的,我们开始通过使别人觉得他们很失败,来让自己感觉良好。

我很肯定,我们或多或少都这样做过,只是有时候意识不到而已。但是,如果你停下来想想,就会发现根本就没有绝对的正确答案。每个做父母的都觉得自己在某个方面受到了别人的批评……

喂奶粉的妈妈是没有付出足够努力去尝试;喂母乳的妈妈应该遮起来喂奶;工作的妈妈更钟情于出国度假和高级跑车;而全职妈妈就只是无所事事地给街边咖啡店贡献生意;睡觉训练很残忍,即便你已经接近崩溃的边缘;安抚奶嘴可能会让他们很舒服,但是有没有想过可能引起的语言发育迟缓和畸形的牙齿?

偶尔出去吃一顿会让你的孩子过度肥胖,但是给他们的午餐盒里放上一份爱心胡萝卜泥根本就是在炫耀;电视节目可能有教育意义,但是也很邪恶;素面朝天还穿着脏兮兮的打底裤就去接送孩子的妈妈真的需要好好收拾一下自己,不过那个穿一身健身服好凸显完美身材的妈妈显然就是在招摇过市嘛!

所以谁赢了?上面哪种妈妈(或者爸爸)应该获得最佳

父母奖？让我这么告诉你吧……没有人会赢，所以我们根本没必要苛责彼此。

唯一能给我们明确答案的人不是别的爸爸妈妈，而是那些我们正在养育的孩子。我决定采访一下我的两个儿子，看看他们认为怎样才是好的爸爸妈妈……

访谈是在洗澡的时候进行的，这样才能确保访谈对象（基本上）全心全意地投入，以及防止他们轻易逃走。

我：你觉得妈妈是个好妈妈吗？

大哥：是的，你是最棒的妈妈！

我：谢谢你！你是最棒的孩子。你为什么觉得我是个好妈妈呢？

大哥：你爱我，而且你抱着我很舒服。

小弟：你有一张脸！

大哥：我喜欢你的脸，还有你闪亮的黄头发。

小弟：我也喜欢你的环（黄）头发。

我：谢谢你们！

大哥：还有我喜欢你，因为每个星期五你都给我喝草莓味牛奶作为奖励，还有我喜欢你给我买乐高。你可以给我买那个乐高千年隼号吗？

我：不行。

采访到此结束,因为我不喜欢讨论乐高千年隼号,这个要 900 大洋,想都别想!

然后,我把他们的清单和自己的对比了一下,两者之间的差异真是让人大跌眼镜!

怎样才是好的爸爸妈妈?

我本来以为……	据我家孩子所说……
·有耐心	·爱他们
·心灵手巧	·抱他们抱得很舒服
·不会总是在那里唉声叹气	·有一张脸
·参加家庭教师协会	·有闪亮的黄色头发
·不会为了可以把自己锁在厕所里而假装自己需要上大号	·星期五给他们喝草莓味牛奶
	·买乐高

所以,事情已经很明显了。当我正担心自己会损害他们的童年时,却从来不知道我的孩子们认为我是个好妈妈的理由里面,居然有 17% 就只是简简单单的"因为我有张脸"。

看来，为人父母并不需要做到完美，只要接纳最真实的自己，我们就可以成为更好的父母。如果你的孩子不被冻着，不饿肚子，被爱着，开开心心（大部分时候），那么你就没有让他们失望。

如果外面在下雨，然后你们都有点开始抓狂了，你给他们看一部电影让他们安静一会儿，他们并不会因此而变得有暴力倾向。你印象中有哪个周末你会花几个小时来整理花园以及教育他们不准把美丽的花朵全摘下来的？

说真的，如果你的孩子偶尔发现你没有假装在吃他们给你的用塑料茶壶端上来的胡萝卜蛋汤，而是在一边看手机，难道他们会因此而被毁掉吗？

欢迎来到××咨询中心

（为拯救中度受伤的灵魂而收费超高的治疗方法）

> 拜托，弗兰克，你已经来这里好几个月了。你到底什么时候才能明白问题的关键所在?!

> 那是因为我的妈妈……有时候在我们玩过家家的时候……她却在刷朋友圈。

> 有点儿骨气吧，弗兰克！每个人都更喜欢看他们的手机胜过和真人交流。这就叫作真实生活！

我永远也不可能做出一个黏土玩偶,也不会提前好几个星期就准备好世界读书日的衣服;我的两个孩子每次都更想吃鸡米花,而不是自家做的健康饭菜;我很容易抱怨,而且还有点儿……爱吼人;我不会给他们精心打扮,而是用鼻子闻闻看哪条裤子有尿味,或者把结块了的酸奶从T恤上抠下来;我总是赶在最后一分钟,才帮他们做完学校布置的手工作业;有时候,我还会给他们买一些他们根本就不配的奖励品,因为我对灿烂的笑脸毫无抵抗力。

不过我们有时候还是会一起烤个蛋糕,我也会给他们吃蔬菜。夏天到了,我会把充气泳池充满气,然后用水管喷他们一身。我们还会经常一起去海边,然后把石头丢进海里。他们烂烂的笑话会让我大笑。我会给他们修火车轨道,和他们深入讨论一些我完全没有兴趣的话题。我还会扮成神奇女侠或者汉·索罗,配上尽力挤出来的热情。

总的来说,我表现得还算可以,所以有什么好内疚的呢?

唯一值得我们内疚的事情,就是我们会为此感到内疚。美好的亲子关系,比所谓的教育更重要。负罪感只会为我们的亲子关系蒙上阴影,会让我们由于分心而不够专注于我们的孩子,还会让我们相互敌对。

养娃并不是一场比赛，没有人会给你什么奖项或者华丽的奖杯。所以，如果事情的发展和你最初的想象背道而驰，不要为此难为自己，也不要去在乎别人，因为没人做得比你好。

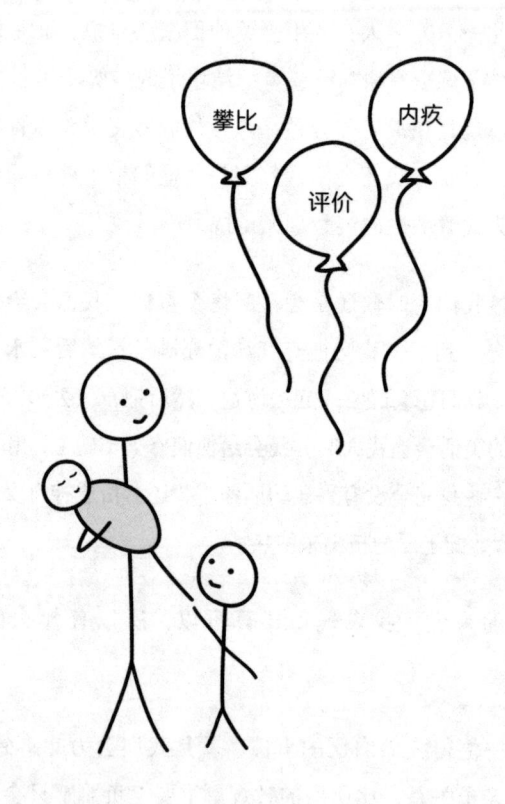

专心对待那些真正重要的人吧，因为他们爱你（包括你所有的缺点），就如你爱他们一样。

开始上学了：你以为可以松口气，可还是在担心

好啦好啦，我当然会想他啦，我还不至于那么绝情！

上学第一天，跟大哥说完"再见"之后，我就加入了那种典型的祥林嫂式的家长队伍。可能比他们还更胜一筹，因

为大哥是他班上最小的……原来他真的并没有那么大啊！我远远地看着他——他站在那里小小的一个人，陷在大大的制服里面，站在那座巨大的绿色建筑物前面。

我担心他坐不住，担心他没有我在身边会有点失落，担心他无法承受这一切。但是事实证明我错了，他每天都开开心心地走进那个门，他谴责那些上了"不好好表现榜"的人，然后还叫我走开（是的，叫我走开！），因为"妈妈你没有在好好听人讲话"！

不过有一件事我没有想错，那就是他可能还不能自己给自己擦干净屁股——裤子上的印迹很好地说明了这一点。哇，我太厉害了！

我还注意到一件事情，那就是他比平时要稍微累一点。不过不是那种需要睡更长时间或者睡一个午觉的累一点，而是睡得更少而且看起来像一只犯狂犬病的狗狗那种累一点。所以又来了，杀了我吧！

正常人累了之后……　　　小小孩累了之后……

> 天哪，好累啊，我需要好好休息一下。

> 天哪，好累啊，我需要把东西毁掉，然后让别人哭一场。

好吧，其实我本来是想说一点儿关于上学之后的好处。不，不是说学校能把我儿子培养成一个智慧的全能小男人（这是必须的）。但是我还是想说说他们是怎么给我当免费保姆的。我知道我本不应该这么称呼他们，但是他们之间真的有相似之处，因为我需要照顾的孩子变少了，而且我手头的钱还变多了，所以……就姑且这么称呼吧。

不过现实是，我并没有变得有多闲，因为我每天还是被一堆生活琐事和任务轰炸得体无完肤。我总是在忙着买各种不易腐烂的食物，试图把"易烫熨"的铭牌贴熨到衣服上去，却总是失败，还有因为害怕订不上"可怕的迪斯科"（注：万圣节节目）的票而焦虑起来，这样一天天下来，我根本就忘记了自己也是有生活的。

我有自己的生活吗？

哔哔——噢，等一下，不好意思我刚收到一条短信，可能是某个朋友来问我是不是想出去喝一杯。

啊，不是的……只是学校啦，貌似他们今天没有按照计划的菜谱供应午餐，而是吃了白菜饼，为了庆祝英国的土豆节。这已经不是第一次了，嗯，反正我也不在乎。

额，通常应该怎么做呢？我应该回复一下，告诉他们我中午吃的是一罐意大利饺子吗？

还有那么多的表格要填，而且只要你没死就要在第二天交回去，这是怎么回事？我十分想悄悄地把这张字条塞进他的书包里，让他明天带过去……

> 亲爱的学校,
> 只要不危险
> 就全都同意!
> 谢谢。

然后还要注意传染的问题。每次去接孩子的时候,你会有50%的概率看见一张海报,告诉你班上某个孩子的身上发现了虱子。有时候会是另一张海报,告诉你班上某个孩子拉出了蛔虫。如果你够幸运,就会看见两张海报并排贴着,让你知道班上既出现了虱子又出现了蛔虫,真的好恶心。

接下来是我们上学后遇到的最严重的一个问题——每一天都得准时去,并且不准穿睡衣去。大哥没上学之前,我还蛮享受早晨的时光,我会穿着睡衣在家里悠闲地走来走去,然后再决定当天做些什么。

现在,我们家每天早上 8 点半的时候,基本上是这样的。

我:快点,我们要出发啦,不然就迟到了!

大哥:妈妈,你想当粉红超能战士吗?

我:不想,我想你把自己的外套穿上。

大哥:我是红色超能战士,让我们启动超级力量模式吧!嘿呀!

小弟(把整瓶洗发水挤在了地毯上):啊,妈妈,我是不小心的!

我(轻轻的,几乎听不见的):好烦!

大哥(把整盒乐高倒在了地上):哎呀!

我(怒气冲冲的,绝不饶人的):超烦!

小弟:超烦!

我:炒饭!我说的是炒饭,我刚才是说炒饭!

大哥:妈妈,你为什么要说炒饭呢?

我:我就是喜欢炒饭不行吗?请你现在把那堆乐高收拾好!

大哥:不要,你可以等我去学校了然后自己收拾。

我：好吧，小弟你要坐到婴儿车里去了。

小弟：不要，我自己奏（走）。

我：你不能自己走，我们要迟到了，请你现在就坐进来。

（我把他抱起来塞进婴儿车里，他整个身子都僵硬起来，还一边用头撞我。）

我：大哥，外套！

大哥：妈妈，我不能去学校了，因为我很虚弱。我的腿动不了了，我也不能走路或者干其它什么事情了。

我：你的腿怎么了？刚刚看起来还很好啊！

大哥：我的膝盖上划了一道深深的口子，你看！

我：嗯，什么都看不见。

大哥：你要非常非常仔细地看，啊啊啊啊！

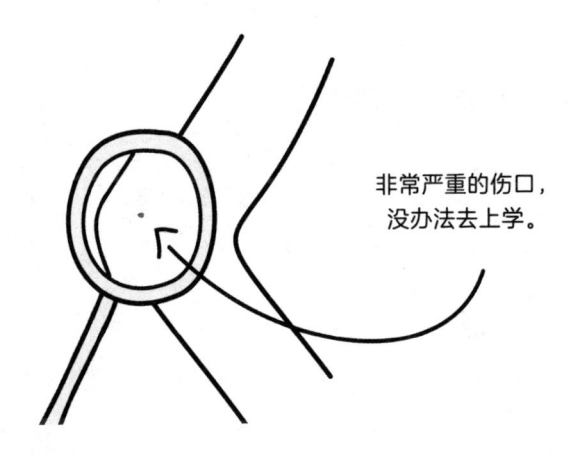

非常严重的伤口，没办法去上学。

我：外套！（开门）我们现在就出发。

小弟：噢，妈妈下雨了！

啊，他说得没错！真的下雨了，而且时间掐得这么准，让人觉得好像是故意的。

为什么非要赶在我送孩子上学的时候下雨呢？雨，你就是坐在那里等着我们的吗？对吗？！对吗？！回答我！

雨不是一个真人，我当然知道。只是有时候早上出门的过程让我有点儿精神错乱。

（其实我还真有点儿希望它是个真人，那我就可以狠狠踢"他"一脚了。）

妈妈，我以为我们就要迟到了呢？

雨，看我的无影脚，你这浑蛋！

好吧，原来上学并没有我想象中那么简单。那么教育方面呢？他们每天都在干些什么呢？我对此基本一无所知，因为每次问大哥，他都回答"没什么"或者"我可以吃点儿零食吗？"反正我听起来是不太像国家的教育大纲（说起来也有点儿惭愧，因为什么都不做和吃零食也是我最爱的两种消遣方式）。

我猜，每个人都会为刚上学的孩子担心。我们之所以会担心，是因为他们还很小、很害羞、很容易累，或者说就他们现在的能力来说，要适应学校还早得很。我能想象得出大哥会很开心，但是他的学习怎么样呢？当我收到他的年终报告的时候，看到他识字和数数的水平没有达到要求，我一点儿也不惊讶。他还那么小，那么精力旺盛，裤子里永远都像有蚂蚁在爬一样，所以这些事肯定需要慢慢来。但是我知道他会赶上来的，所以我继续看报告的内容，发现原来比我一开始想到的要多得多……

"他富有想象力和创造力，可以把任何一件事情都变成游戏。"

他很专注。

"他有很强的语言表达能力，而且有自信与别的小朋友和老师分享他的知识和兴趣爱好。"

他很自信。

"他喜欢谈他感兴趣的东西，比如忍者神龟和闪电麦昆。而且说到它们的时候，他表现得非常认真。"

他很开心。

"他愿意冒险去尝试新的事物，而且通过犯错误，他正认识到坚持不懈的重要性。"

他愿意尝试。

"当他用我们的教学玩具来做小车子和变形金刚，并且详细地介绍他的模型的每一个部位以及它们的用处，这让我对他印象深刻。"

他们一个班级有30个孩子，但是他的老师太惊人了，他们真的了解他！

"教授他的过去这一年里，我感到非常开心。他是我遇见过的最有礼貌的小孩子之一！谢谢你，你做得很棒！"

我的眼泪都快要流出来了。他可能是班上最小的孩子，但是看来这根本就没什么关系。这个前不久还在我膝下磕磕碰碰的、小小的幼儿园小朋友，竟然已经长成了一个自立的、小小的万事通，我真是从来都没有这么自豪过。

如果老师们刚好读到这里，我真的想说一声"谢谢"，谢谢你们如此优秀的工作，你们真的好棒！对了，还有可不可以请你们稍微降低一点每个学期要交的手工作业的难度，或者至少表扬一下我们家长做出的贡献呢？我也不是真的介意，只是受够了被孩子抢走了全部的功劳。

07
CHAPTER

我们是一家人，永远相亲相爱

你们知不知道，我在遇见你们之前从来没有这么开怀大笑过？你们知道你们每天都让我感到多么自豪吗？你们意识到你们是我想要的一切吗？我爱你们，天长地久，全心全意。

给老公的话：你还记得没孩子之前的二人世界吗？

以前

- 我爱你的双眼。
- 我爱你的双眼。

后来

- 把你的袜子放进该死的洗衣篮里去！
- 你这疯女人！

　　我和杰一般用"很久很久以前"来指我们没孩子之前的二人世界。正确的读法应该是把重音放在"很久很久"上面，然后说的时候要伴随着轻微的伤感，还有一脸怀旧的表情。

到现在为止，我们已经在一起10年了，而且我们相遇的故事相当浪漫。我们是在工作中认识的，一开始我们都觉得对方有点烦人，但是慢慢地我们开始对彼此产生了浓厚的兴趣。我们先是成了朋友，然后我开始发现没有他在的时候，我总是感觉缺了点什么。

后来在一次和同事们一起出去泡吧的时候，我们俩都喝得酩酊大醉，然后就接吻了。

他让我当他的女朋友，然后我们就经常一起出去吃午餐，一块儿大笑，喝酒，在街上闲逛，聊些有的没的，继续闲逛，然后一起吃晚餐。我们有很多共同爱好，所以之后发展得很顺利。

几年后的12月里，他带我去了爱沙尼亚的塔林，然后在老城广场的圣诞树下向我求婚。

说实话，其实我知道他准备求婚了。他本来打算悄悄地自己去选戒指，但是我禁止他那样做，因为我非常清楚自己想要的款式。我把他拉到珠宝商店，然后自己选戒指。你要说我是个控制狂也无所谓，因为我就是。

我们有点儿轻率，但是又很兴奋，关键是我们真心相爱。那里真的好美！我们当时根本没想到就从那一刻起，几个小小的细胞开始在我的肚子里慢慢长成一个小人儿了。而这对我们来说，是天翻地覆的变化。

再往后快进几年，我们就变成一对带着两个小幼儿的夫妻了。事情发展得和当初想象的完全不一样。我们从一对拥有双份收入，所以"花掉所有的钱每周出去吃3次"的情侣，变成了一对"是哪个该死的忘记买尿布了"的夫妻。

我再也不会看见他两眼放光了。事实上，我经常只要一看见他那张脸就会发火，因为我会想起他最近让我厌烦的所有事情。比如说——我刚刚把洗脸台擦得干干净净，他就在那里剃胡子，还说他会打扫，但等我再去看的时候，还是到处都是胡子！类似这种事情，有时候让我真的想杀人……

我觉得，婚姻和孩子有多大的威力能牢牢拴住一对男女，就有多大的威力能拆散他们。有些伴侣再也看不见他们当初相爱的原因，因此选择了分居甚至离婚——有了孩子之后，生活就变成了琐碎的柴米油盐酱醋茶。

我们再也不能一觉睡到自然醒，然后说"嗨，我们出去喝下午茶吧"，也丧失了整天窝在被子里都不起床的能力。

取而代之的是，我们每天都无可奈何地在早上那个荒谬的起床时间爬起来解决早饭问题，还要把维他麦从孩子们的脸上和身上扒下来。

想当初，我们讨论的都是关于理想、爱好、人生等各种话题，怎么突然就变成了现在的退烧糖浆还剩多少，如何安装汽车安全座椅，抵押房子，还有轮到谁倒垃圾了呢？基本上就是些类似的生活琐事。琐事有什么性感的地方吗？没有。说到这个，那不停地哼着《狗狗巡逻队》的主题曲性不性感呢？——性感才怪！

你想知道还有什么事也是完全不性感的吗？

> 爸爸,可以帮我递一下奶酪磨碎器吗?

> 你现在可以不要叫我"爸爸"了,孩子们两个小时前就上床了。

我觉得最煎熬的应该是孩子们还小的时候,那时我待在家里,而杰在上班。我很嫉妒他可以走出门去,戴上耳机,"随便"就去不错的餐馆吃个午餐,还能和成熟的大人说话。我很肯定他其实也嫉妒我能一直陪着孩子,而且完全不用担心经济问题。

每当他下班回来,然后问一些正常、友好的问题时,他得到的回答基本上都很简洁……

琐事逐渐变成了大事。比如说，如果他没有按照答应的那样买雀巢咖啡回来，那就要爆发"世界大战"了。有时候搞得好像我整天把唯一的希望寄托在那个小小的咖啡胶囊里。我还会直接打电话到他办公室，对他一阵抱怨，他会对我说："我明白，很抱歉！但是你现在需要冷静下来，我在工作，待会儿再打给你。"真是个讨厌的、有耐心的神仙（对不起，杰）。

一般我们只是吵吵嘴，偶尔也会因为莫名其妙的事升级成一场大闹。有一次，他超级用劲地把垃圾桶盖上，结果垃圾桶都破掉了，而我则狠狠地把一个酒瓶摔在厨房的台面上（别担心，我已经把里面的酒喝完了）。

其实我们俩都不喜欢这样,我们不是那种没事乱发脾气的人。但是孩子对一对夫妻来说真的是很大的挑战,不管是对你的思维方式,还是你的做事风格,还是你需要面临的事情,你的耐心,还有你的理智程度。有时候,他们会让你们变得更好,有时候则更糟。想要透过堆成山的塑料玩具、臭衣服、脏盘子、长长的待办事项,还有那吵闹的、要求多多的你们一起做出来的结晶,仍然能看见当初你爱上的那个人,真的是件越来越艰难的事情。

但是,我们还是尽量在一片混沌之中抓住一些属于我们自己的时间。不管是一起花上 45 分钟挑出一部电影然后一起看到睡着,还是一起努力把孩子们早点哄上床,结果那个小小的孩子会挑一个最不合适的时间走进我们的房间……

真的很不容易，你的精力会被榨干，你会觉得有点儿"没劲儿"，但是发生了某件事情，然后一切又变得清晰起来，因为就像孩子们给我们带来的所有事情、压力以及崩溃的时刻一样，他们也经常会让我们以彼此理解的方式失声大笑。

> 我有棉发（花）糖和热小（巧）克力了。

随着他们逐渐长大，一切都变得越来越容易；他们的需求会变少，而我们就会更经常地看到那些我们曾经拥有的"很久很久以前"的一个个碎片。它们只是变得不一样了一些，但是只要我们用好的心态去对待一切，就不会真的想回到从前（而且本来就是不可能的事，那干吗还执迷不悟呢）。

所以，我们的故事并不是罗密欧与朱丽叶，也不是所谓的命中注定，但是我们还好好地在一起，照样被对方烦得要死，也依然彼此深爱。

我能想到的最浪漫的事，就是在接下来的很多年里，依然和杰在一起。

育儿的终极目标：放手吧

我敢肯定，所有家长都会因为自己有时候偷偷祈祷时间快点过去而感到内疚。没有人可以永远照顾小孩子，这个过程很神奇，但是又很折磨人。

在我心里，育儿的终极目标就是我的孩子能够长大，然后可以给自己准备早餐，自己打开电视，而我可以任性地躺在床上打呼噜。我还没有达到这个目标，但是我能在地平线上望见它了。随着时间的流逝，我知道我离自己的目标越来越近了——可以坐上 5 分钟而没有人大喊大叫提要求，可以看一本书，或者喝一杯咖啡而不用把它加热四五次。总有一天，曾经的被作为激光剑大战的主战场以及充满了无厘头的关于厕所的话题的家，会恢复当初的和平与宁静。

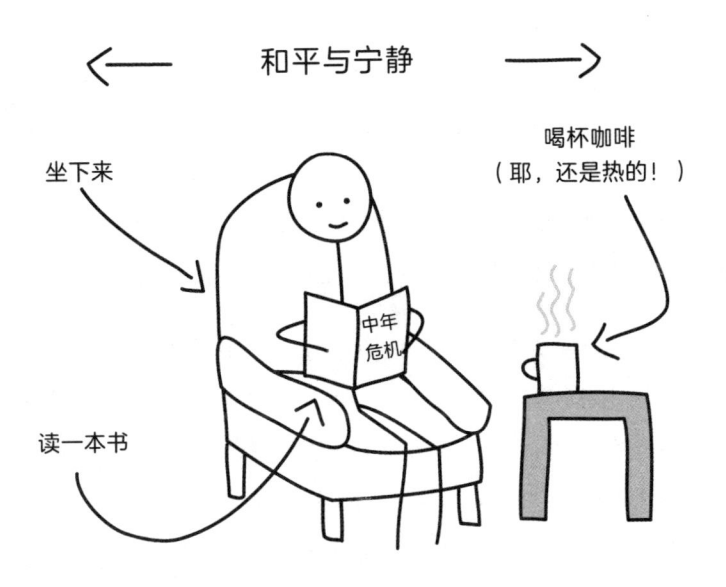

← 和平与宁静 →

喝杯咖啡
（耶，还是热的！）

坐下来

中年危机

读一本书

事实上,无所事事也会让人喜忧参半,因为尽管我的孩子们现在是,而且永远都是我的世界中心,但自打他们出生那天起,他们就开始慢慢地认识到,我并不是他们的世界中心。

我眼看着他们从一个里程碑走到下一个里程碑——笑、拍手、爬、走、说话、骑自行车、读书、写字,还有自己擦屁股(或者起码是尝试着擦);我眼看着他们变得越来越独立。在我的帮助下,他们正在学习去过一种离开我也可以走下去的人生。

在不远的将来,从某一天开始,我再也不用去帮他们解扣子,也不需要用亲吻来安抚他们擦伤的膝盖;我再也不用假装听不见那一声声暴露自己藏身之处的咯咯笑声,我也不用再度日如年地在地上一遍一遍地滑动汽车;我再也不需要去帮忙搭乐高模型,也不会因为踩到丢在地上的积木而哇哇大叫。

从某一天开始,我再也不用去擦拭那涂满果酱的脸庞,也不用装作喜欢看《超能战士》;我再也不用倒睡前牛奶,或者讲故事,也不用在漆黑的房间里躺在地上守着我亲爱的孩子入睡;我再也不会被孩子抱住大腿或者箍在身上,终于可以自己一个人坐在躺椅上,做着最空虚的梦。

从某一天开始，我终于又重新拥有了整个世界的时间，而我只希望能回到过去的时光。

> 需要我帮忙吗，亲爱的？

> 不用，我自己会做。

我和大哥第一次出现这样的对话已经是很久以前了，而我们现在仍然会经常进行这样的对话。我不太确定到底是怎么开始的，但是我记得当时我们是在讨论家人……

我：等你长大了，你可能也会结婚，就像妈妈和爸爸一样。

大哥：什么是结婚？

我：就是等你找到一个最好的朋友，然后你想和她住在一起，永远和她在一起。

然后就是漫长的沉默，因为某个小脑瓜子已经要爆炸了，接着就是一脸恐惧的样子。

他抬起头看着屋顶，摇了摇头，就像他每次努力想找到那些合适的词语把它们排成正确的顺序一样。

大哥：可是，可是……就不和妈妈在一起了吗？

我的老天，你该怎么给一个还看不到自己手肘之外的地方、一个还搞不清什么是明天的孩子解释什么是未来呢？

我张开双臂，他把手绕在我的脖子后面，两条腿圈在我的腰间。他已经很重了，我在想这会不会是最后一次我这样把他抱起来，或者这会不会是他最后一次想要被我抱起来。

我深深地望着他那困惑的双眼，然后直接告诉他："你是我最好的朋友，我永远都不会离开你。"

真的。

因为我知道，他才是会离开的那一个。

给孩子们的话：
我希望你们知道的事情

现在网上这样的帖子太多了，人们总是觉得自己的人生经验太重要，以至于如果不把它们写下来让世人看见，他们就会忘了去传授给自己的孩子。

貌似以这样的话题来收官还是比较合适的,因为自从我开始写这本书,我就开始做焦虑的梦,梦见书出版之前,我死在了可怕的交通事故里,然后就永远没有机会看见它出版了。然后我也脑补过一些事发后产生的影响,还有一些出乎意料的好事情:因为我的悲惨结局,书反而被很多媒体报道,因为人们总是喜欢看点关于非正常死亡的东西,不是吗?对我的家人来说,真是中大奖了,这样他们就能买辆好点的车,去个好点的地方度假。我想,这应该能有所减缓我带来的打击吧!

好了,不要再扯什么死不死的了,我们还是来好好收个尾,继续来看看我活了这么久都学到了些什么。

我的孩子们,有些事情你们必须知道……

1. 正确的安装卷纸的方式是，让平的那面在上面，绝对不要让它垂在下面。

2. 移动走道是为了让你能快起来，而不是让你更磨蹭，扶手电梯也是一样的。不要用你的箱子和（或者）你的身体把它们堵起来——那样会让别人很恼火的！

3. 要舍得花钱买个好点的咖啡机，因为如果没有咖啡的话，那有些事情就别想做到了，比如想说个完整的句子。

4. 保持热情和感恩的心态是很好，但是这也会让人心力交瘁。可以允许自己有时候不用那么乖，偶尔也可以沉溺在自己的痛苦中感受一下。

5. 当你沉溺够了——试试泡泡包装纸。

6. 生命苦短，何必浪费时间去做那些你不能享受其中的事呢？学会怎么对别人说"不"，如果你觉得这样很难做到，那么在一只宠物身上练习练习。

> 我不准备去参加你的晚餐派对，因为我觉得很无趣！

> 如果我拿迷你梦龙当布丁呢？

> 不要耍我！

7. 不要耍小聪明，你可能以为你能有免费饮料喝，但是其实每个人都很明白。

8. 我永远都不想在真人秀节目里面看见你们（除了《地狱厨师》）。

9. 总会有人比你更聪明、更有天赋。如果你实在接受不了这个事实,那就试着去挑一些稍微比你差一点儿的人做朋友,或者学会把黑暗的想法藏在心里。

10. 那些"自认为"比你好的人,往往都是白痴。

11. 让你的朋友们知道你喜欢他们的地方，和别人说话的时候，要看着他们……但是也不要死命盯着别人。还有不要做个跟踪狂，那样真的很让人毛骨悚然，而且还是非法的。

12. 不要在网上和别人争论，你会陷入不可自拔的旋涡，然后浪费很多宝贵的时间和脑细胞。

13. 立志成为一个和格温妮丝·帕特洛（注：美国演员）完全不一样的人。

14. 你们都长得好可爱。

15. 生活中的每一件事情都可以被认为是浪费钱的，但是唯一一件一定是浪费钱的事，就是死了之后银行里还存着一大笔钱，而你一辈子什么都没做过。

16. 不要因为别人怎么看你，就觉得自己喜欢的不够高大上，自己就很可悲。我的音乐品位很吓人，但是自从我大胆地宣布我是个比伯粉之后，我就什么都不在乎了。

17. 我们要不要来一段比较正经的？我真的想对你们说，你们是独一无二的，但事实上……很可能不是。那套"发光吧，我的宝贝"的理论听上去很好，但是如果你们试图发出超出自己负荷的光，那你们的保险丝就会烧断，然后让你们周围的所有人都陷入黑暗中。其实不如说些实际点的——做一份你们不讨厌的工作，找一个你们愿意共度余生的人，组建一个家庭，撑起一片屋顶，准备一份豆子面包做晚饭，还有挣足够的钱可以请好朋友喝一杯。我还有很多可以和你们分享，如何拒绝画大饼，如何去享受绝对的普通所带给你们的自由。我有很多可以告诉你们关于如何做一个普通人，还有很多普通人都过得很好。

18. 再来一段正经的，世界只有一个，人们可能有和你不一样的皮肤、不一样的语言或者不一样的信仰，但是本性深处，我们都是一样的。接纳每一个人，去帮助那些没有你幸运的人。这听起来可能很简单，但是连很多大人都做不到——你们才是我们的希望，把火光传递下去！

19. 我知道，肯定还有很多值得一提的事——善待动物、要选举、回收垃圾、记得刷牙、小心开车、学会原谅、多吃甘蓝菜……

20. 你们知不知道，我在遇见你们之前，从来没有这么开怀大笑过？你们知道你们每天都让我感到多么自豪吗？你们意识到你们是我想要的一切吗？我爱你们，天长地久，全心全意（不完美，但是是全部）。

我永远爱你们！

后记

感谢

干杯,我亲爱的你们!

啊,这真是太难了,我要从哪里开始呢?说多少呢?如果不小心漏掉了某个重要人物怎么办呢?!我应该感谢我的宠物们吗?!天晓得,不管它了……

致所有在读、留言以及分享我博客的人——没有你们,这一切根本就不会发生,谢谢你们帮助我实现了一个梦想,还有你们分享的那些让我每天都笑破肚皮的关于为人父母的荣与辱。

致出版商卓越的团队——艾玛、爱丽丝、萝丝，特别是我的编辑夏洛特，她很久以前就注意到了我，当时都还没有人关注我。(如果她的老板读到这里，那么真的值得你给她升职，因为她为了编我的书，经常工作到凌晨5点！)

致我的朋友们，能够在生命中遇见你们，真是太幸运了！我要特别感谢哈里特，谢谢你在我写这本书写到一半而陷入巨大的自我怀疑时，给我提供免费的心理咨询，帮助我走出来……

致我的家人们，爸爸妈妈，你们真的好酷，你们真是绝佳的榜样，有你们这样朋友般的父母真的很棒；致我的姐妹们，我超棒的姻亲们，还有我美丽的侄女、外甥女、侄儿、外甥；致诺曼和西拉，感谢你们接纳我走进你们的家庭，还有每次帮我们看娃，真是太感谢你们了！

致我的小伙子们，你们这两个疯狂的小傻瓜！谢谢你们成为我不断的灵感源泉。我知道我已经说过了，但是我对你们两个的爱直到月亮的另一边，直到宇宙的另一边，然后围绕太阳转100万次、10亿次、1兆亿次。你们肯定比不过我的，我赢了。

最后致杰，我觉得你也蛮好的;)（不会用错的眨眼）。感谢你支持我不务正业地在网上画这些图片，你真是个超级棒的丈夫、爸爸。

关于作者

凯蒂·柯比是一名英国畅销书作家和设计师。她与丈夫及两个儿子住在霍夫的海边。

在生孩子之前,她一直在伦敦一家媒体机构工作。一天晚上,凯蒂·柯比跟孩子一起度过了"糟糕"的一天后,在杜松子酒的影响下开始写博客。

很多阅读她博客的人都说,这些文章很有趣,描述出了育儿生活中的快乐和悲伤,并以非常幽默的口吻展现了为人父母的真实历程。

现在,凯蒂·柯比已经成为所有疲惫父母心中的英雄。《干杯,我们都是不完美父母》目前已版权输出到多个国家,在世界各地都受到了读者们的广泛好评。

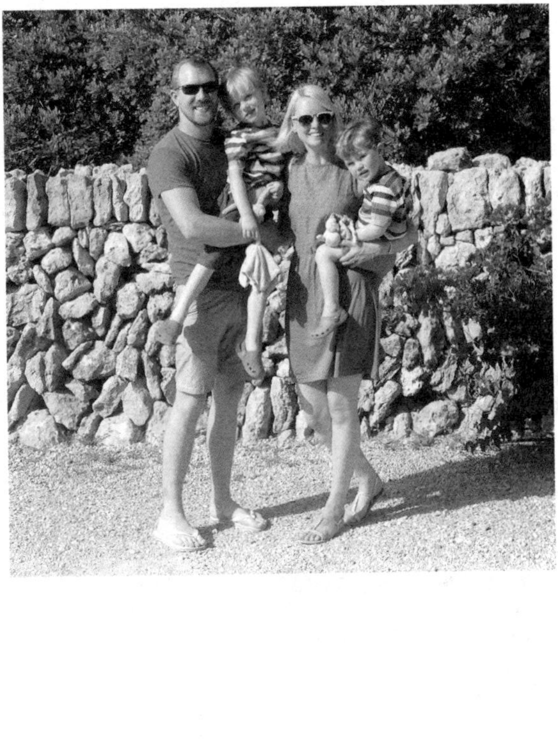

图书在版编目（CIP）数据

干杯，我们都是不完美父母 / （英）凯蒂·柯比著；
北京广雅，周昭蓉译. —— 北京：北京日报出版社，2017.7（2021.9重印）
ISBN 978-7-5477-2685-3

Ⅰ.①干… Ⅱ.①凯… ②北… ③周… Ⅲ.①家庭教育 Ⅳ.①G78

中国版本图书馆CIP数据核字(2017)第147614号

著作权合同登记字图：01-2017-3930 号

HURRAH FOR GIN
Copyright©Katie Kirby 2016
First published in Great Britain in 2016 by Coronet
An imprint of Hodder & Stoughton
An Hachette UK company
中文简体字版 ©2017 北京紫图图书有限公司
版权所有 违者必究

干杯，我们都是不完美父母

责任编辑： 王芳
监　　制： 黄利 万夏
特约编辑： 曹莉丽 张久越
营销支持： 曹莉丽
版权支持： 王秀荣
装帧设计： 紫图装帧
出版发行： 北京日报出版社
地　　址： 北京市东城区东单三条8-16号东方广场东配楼四层
邮　　编： 100005
电　　话： 发行部：(010) 65255876
　　　　　总编室：(010) 65252135
印　　刷： 艺堂印刷（天津）有限公司
经　　销： 各地新华书店
版　　次： 2017年7月第1版
　　　　　2021年9月第2次印刷
开　　本： 787毫米×1092毫米　1/32
印　　张： 11.5
字　　数： 180千字
定　　价： 59.90元

版权所有，侵权必究，未经许可，不得转载